神様と仲よくなれる！

日本の神様図鑑

大塚和彦 著

新星出版社

「はじまりは神社で」

最近、いろんなことがうまくいかない、美里（34歳・OL・独身）。
仕事でのミスで上司からチクチク言われたと思えば、3年間つきあった彼とも先月、お別れ
もう終わりにしましょ
そだね
そんなとき――「神社巡りをすると、運気が上がるみたいよ」と妹にすすめられ
UP
妹
じゃぁ、縁結びのお願いでもしてみようかな
ステキな彼と出会えますように。かっこよくてお金持ちで優しくて…
あれも コレも…
そよ〜

でも、この大きな木の生きてる長さに比べたら
そよ〜
そよ〜
私の悩みなんて、
ほんと、ちっぽけ…
…。
ひょっこり
元気ないですね
ど、どちら様ですかっ？
いや、名乗るほどの者ではありませんよ。そんなことより、あなたはどうしてここへ？
え？あの、ステキな彼が欲しくて
ポッ
いや、この神社は縁結びではないでしょう
ガーン。違うんですか？

※インド北部にある都市。チベット亡命政権の中心地。

えっ！
ダライ・ラマって、
普通の人でも
会えるんですか？
あの…
?!
そうなんです。
会えたんですよ
そのオーラのすごさたるや…。
謁見したあとの旅人の顔が
みんな仏様のように…
思えば、私は会社が嫌で辞めました。
海外に行ったら何かが
見つかりそうな気がしたんですが、
そこには何もなかった。
でもダライ・ラマ十四世に
謁見したら…
「日本に帰って働こう！
いや、働きたい!!」
と、なぜだか思ってしまったんです
ゴー!!

ところが
人生、そう
うまくは
いきません
退職届
入社した歩合給の
住宅メーカーは、
朝から晩まで飛び込み営業。
毎月、誰かが辞めていきました。
「日本でがっつり働く!」
というテンションが
続くわけもなく、
体調を崩して退職
いくつかの会社を
転々とするうち
自分の会社を設立
オツカレサマ
ガラ〜〜〜ン
しかし、
社員が1か月で半分になったり、
「いいパートナーとして!」と
笑顔で言われた取引先が突然、
倒産したり、手間ひまかけた
商品にミスが見つかり、
やり直し…
大変
でしたね…
ビジネス書や
自己啓発本には
ヒントも書かれていますが、
深刻なトラブルで
心底悩んだときは
役に立たなかったんです

そんなとき、大学の頃に勉強した『古事記』を久々に読んだら、前は挫折したのに、今回はすっと頭に入ってきて「これはすごい！」と。『古事記』に出ている神様のことをもっと知りたくなったんです
あら、『古事記』って神様の本だったんだ
「そもそも神様って何？」「神社って何をしに行くところ？」という問いが。「じゃぁ、自分でそれを探してみよう」となり
おっしゃー
ある日、『日本の神様カード』のアイデアが降りてきて、今では社長業のかたわら、『日本の神様カード』講座など、数々の講座の講師をすることに
大塚さん、いや、師匠！
照れるな
よかったら、一緒にこの世界、探っていきましょう！
はいっ！ついていきます!!
ハーイ

はじめに

この本は「暮らしの中で神様の助けが借りられるよう、神様のことをもっと知りたい！」という方のために書きました。神様に関する本は他にもたくさんありますが、本書の特徴は、学者でも宗教者でもない「小さな会社を経営する現役社長が書いた神様の本」だという点にあります。

社長といっても、社員が数人の小さい会社です。社長がイスにふんぞり返っていても仕事が回るわけではありません。クライアントへの営業、新商品の企画、資金繰り、社員採用……、業務は多岐にわたります。「上り坂」「下り坂」「いい感じ！」「まさか！」が交互にやってくる経営の現場で、悩んだり、迷ったりしながら、今この瞬間も奮闘している一人の実務家が書いた本です。

「ようやく戦力になってきた社員が、いきなり退職！」「取引先が倒産し、お金が入ってこない！」「時間とお金をかけてようやく完成した商品に欠陥がみつかった！」「社員との間に大きな溝ができ、社内の雰囲気が悪い！」「思ったように利益が上がらない！」「強力な競合会社が現れた！」などなど（書いていてもつらい思い出ばかりです　苦笑）、社長という仕事は、こうした「心をざわつかせるできごと」と常に隣り合わせ。

創業当初は「会社が軌道に乗ればすべてがうまくいくだろう」と思っていたのですが、どうやらそれは幻想だったようです。売上が上がれば上がるで、社員が成長すればするで、「心をざわつかせるできごと」はいろいろな形でやってきます。

そんな「心をざわつかせるできごと」に対して何より有効だったのが、「日本の神様の世界」を知り、日常生活に活かしていくということでした。

「どう考えても、お先真っ暗！」というときに、「今すぐ人生を変える○○」だとか、「劇的に悩みが消える○○」といった巷に溢れているような情報が有益なこともあるでしょう。

けれど人が生きていく中では、「何を聞いても素直に受け取れない」「未来に対しての展望がまったく描けない」というできごとは必ず起こるもの。そんなとき、私にとって「倒れないための杖」となり、前向きに生きていく手助けをしてくれたのが「神様の世界を知る」ということだったのです。

私のつぶやきがみなさんの支えの一つになれば、うれしいです。

大塚和彦

目次

3章 日本の神様図鑑 75

神様図鑑

この本について

この本は、「日本の神様の世界を知り、生活に活かせるようになってほしい」と考えて作りました。

「神様を知りたい人」に向けていますが、神様を知るには、そのバックグラウンドである『古事記』や「祝詞《のりと》」を知り、生活にその知恵を役立てていくことが、遠回りに見えて、実は近道。

だから「〇〇の神様はどんなご利益があって、どんな風にお詣りすればOK！」というような、神様のノウハウ本とはちょっと違います。

そのため、単に神様のことを知りたいだけなのに、どうして『古事記』？「祝詞」？　という疑問が出てくるかもしれませんが、とりあえず読んでみてください。

単なるキャラクターのようだった神様が、次第に現実味を帯び、読み終わったときには、身近な存在に感じられるでしょう。

- 神様の名前はカタカナで統一し、わかりやすさを考えて省略している場合もあります。
- 性別のわからない神様もいますが、便宜上、分類している場合もあります（例：「ツクヨミはアマテラスの弟」など）。
- いろいろな別名がある神様、いろいろな漢字を使われている神様もいますが、できるだけ一般的な呼称を選びました。
- 神様は「1人、2人」ではなく「1柱（はしら）、2柱（はしら）」と数えます。
- 大祓詞（p138〜）の漢字・かなづかいは、読みやすさを優先し、記載しています。
- 本書では神様をイラストにしています。「自分のイメージと全然違う！」ということもあるかもしれません。イメージについては、あくまでも著者および編集部における、一つのとらえ方ということでご了承ください。

1章

神様とはどんな存在？

「神様」って、何ですか？

日ごろ、私たちは何気なく「神様」や「神」という言葉を使っていますね。

「あの社長は経営の神様だ」

「彼は神様のように優しい人だ」

「今のシュート、神ってる」……。

こんな風に「人間を超越した存在」や「我々の常識を超えた働き」を目にしたとき、私たちは「神様」という言葉でその驚きや畏敬の念を表現するようです。


では、「その『神様』って一体、何？」と聞かれたら、どう答えますか？
・私たちの願いや願望をかなえてくれる存在
・私たちがしんどいときに助けてくれる存在
・私たちが住む国土を守ってくれている存在
など、きっといろいろなイメージがあるでしょう。

ただ、日本では多くの人が「自分は特定の宗教がない」と答えるお国柄。多くの人にとっては「神様とは何か、きちんと考えたことがない」というのが実感ではな

さまざまな世界の「神様」
経営の神様
松下幸之助
（パナソニック創業者）
漫画の神様
手塚治虫（漫画家）
打撃の神様
川上哲治（元読売巨人軍監督）
サッカーの神様
ジーコ（元ブラジル代表）など

いでしょうか。
江戸時代に活躍した国学者・本居宣長は、神様を「尋常《よのつね》ならずすぐれたる徳《こと》のありて、可畏《かしこ》き物」ととらえたそうです。専門家も引用する有名な考え方なので、この線に沿って話を進めましょう。

私たちを取り巻く世界は、超自然的な力の働きに満ちています。たとえば、
・昼と夜とが交互に訪れる働き
・山や海、川や大地が生み出される働き
・雨を降らせ、風が運ばれ、大地から食物が生まれる働き
・人と人とを巡り合わせ、時には別れさせる働き

ここにあるどれ一つをとっても、
「そこにどのようなメカニズムが存在しているのか?」
「どういう法則性が存在しているのか?」
を私たちがはっきりと理解することはできません。
こうした人間の理解を超えた大きな働きにご神名がつけられたもの、私は、それこそが「神様」だと考えています。

国学
日本古来の古典や文献の解釈を主体にした、学問や思想の系統。賀茂真淵、平田篤胤などが中心となり、江戸時代に広く展開していった。

本居宣長
1730~1801年。江戸時代後期の国学者。医業の傍ら古典の研究に取り組み、『古事記』研究の集大成である『古事記伝』を著した。

尋常ならずすぐれたる徳のありて、可畏き物
「人智を超えてすぐれた尊い存在であって、威力のすぐれたもの」という意味。

ご神名
ごしんめい。神様のお名前のこと。

それは人間の理解を超えた不思議な力のこと

たとえば、太陽。
万物を分け隔てなく照らし、地球に熱と光をもたらす不思議な働き。作物を育て、動物を生かし、水を蒸発させて雨を降らせる不思議なメカニズム。「活動的な昼」、「すべてを休ませる夜」と、毎日、定められたリズムで運行している不思議な法則。

たとえば、風。
生物に空気を運び、雲を動かし、雨を降らせる不思議な働き。植物の種を拡散させ、地球の過剰な熱を冷まし、香りや音を運ぶ不思議なメカニズム。「静かな状態」と「激しい状態」と、私たちにとって恵みにも脅威にもなる不思議な法則。

こうした摩訶不思議な力。どれだけ考えても理解できない、人間の知恵をはるかに超えた、尋常ではない力。人間がコントロールすることなどままならない、壮大な力。昔の人はそれらに「この世界を動かしている大きな力の表れ」としてご神名をつけ、畏敬の念を示したのでしょう。

「火の神様」「風の神様」「山の神様」といった具合に、日本には数多くの自然現象にまつわる神様がいらっしゃいます。また、動物や植物などが超自然的な力を人々に感じさせ、畏敬の念を抱かせるものも「神」として信仰していました。

「日本の神様の世界」を表現する言葉の一つに「八百万の神」がありますが、まさにそこかしこ（八百万）に理解を超えた偉大な力があり、それらにつながって生きていくことを大切にしていたのでしょう。

「火の神様」「風の神様」「山の神様」
それぞれ、カグツチ、シナツヒコ、オオヤマツミ。イザナギとイザナミの神生み（P67）の際に、自然現象の神々が多数、生まれた。

「八百万の神」
やおよろずのかみ。「八百万」は数が多いことのたとえ。「神様が数限りなくたくさんいらっしゃる」ことを表現した言葉。

本当は、私たち人間も「神様」です

そんな超自然的な働きは、私たち人間にもそなわっています。

今、こうして本を読んでいる間も心臓がリズミカルに鼓動を打ち、無意識のうちに呼吸をして脳に酸素を送り込んでいますよね。私たちの意思とは関係なく体内は血液が循環し、消化と排泄活動とが起き、数十兆といわれる細胞が途切れることなく活動を続けています。

なぜ、そういうことが起きるのでしょう？

あるいは、こんなことはありませんか。

「昇る朝日を見ると、思わず手を合わせたくなる」

「大自然を見ると、言葉を忘れて息が止まるような思いがする」

「うそをつくと、心のどこかに違和感がある」

このような心の働きが起きるのも不思議ですよね。

「尋常ならずすぐれたる徳のありて、可畏きもの」という17ページでご紹介した神様の定義に照らしていえば、私たちの存在そのものが尋常ではない（＝神）といえませんか？

この「神様と人間は一緒である」ということを、神話や昔話、祝詞《のりと》や行法《ぎょうほう》などさまざまな形で伝えてきたのが私たちの祖先です。ここは日本の神様のことを学ぶのに大切な考え方なので、ぜひ覚えておいてくださいね。

でも「神様と人間とが一緒？　そんなのきれいごとだよ」というのが、多くの人の実感かもしれません。

・職場の人間関係で頭がいっぱい……
・人よりも優れた力があるわけでもないし……
・最近、いいことがないし……
・未来のことを考えると、不安だらけ……

そんな思いを抱えているときに、「神様と自分とが一緒」といわれても頭が混乱してしまいますよね。これは当然の感覚です。

今の段階では、「『神様と人間は一緒』が、日本の伝統的な教えだった」ということだけ頭に入れておいてください。「昔の人はそうだったんだ」くらいの感覚でOKです。

祝詞
神様のご神徳をたたえ、独特の文体で書かれた内容を神に奏上して、加護や利益を得ようとする言葉のこと。

行法
神道の修行法。身についた穢れを洗い流してきれいな体になる「禊ぎ」、人間から魂が離れていくのを鎮める「鎮魂」など、さまざまなものがある。

「神様と人間は一緒」それを忘れてしまった私たち

「神様と人間は一緒である」。

おそらくこれを体感しているのは、生まれたばかりの赤ちゃんです。

生まれたばかりの赤ちゃんにとって、世界は自分を中心に回っているはずです（というか、そんなことを考えてもいないと思いますが　笑）。「お腹が減った」「おしめを替えて欲しい」とリクエストを出すと、心地よい状態へと手助けしてもらえます。

ただ、赤ちゃんもいつまでもそのままではいられません。成長するに従って環境が変化し、「自分のことは自分でやりなさい」と自力で対処するよう求められ始めます。不快なできごとも、自分の力で対処しないといけません。「こうありたい」を形にしていくには、相応の努力が求められるようになってきます。

そんな中で、生まれた頃の純粋無垢な感覚はすっかり忘れてしまうのでしょう。

もしも大人になった私たちが「神様と人間は一緒」が本当に腑に落ちると、悩みごとはなくなり、「好き」「嫌い」という考え方にしばられて自分を痛めつけること

人間の性（さが）

本来は、神様と一緒の心を持っているのが人間です。ただ、その心と離れた行いをしてしまうのが人間の性。他人をうらんだり、嫉妬したり、未来を悲観したり……。こうした心を「異心（ことごころ）」と表現し、神道では、祓い清められるものとされています。

も、未来に対して悲観しすぎることも、過去を悔やんで時間を無駄にすることもなくなるに違いありません。

けれど、私たち人間は、そんなに立派にできていません。「神様と人間は一緒」といっても、悪口を言いたくなったり、批判にビクビクしたり、周囲と比較したり、うまくいくと傲慢になったりするのが人間の性。

人間には知性があるので、「そうはいっても、ねえ」と疑いや疑問を生み出してしまうのです。

知性
「世界を知りたい」という心の働きのこと。知れば知るほど疑問が出てくるのが、人間のメカニズムだといわれています。

自分のことはわからない　だからこそ、神話に学びたい

「『神様と自分とは一緒』と言われてもねえ」。

そんなごく普通の感覚の人が、「あ、もしかしたら神様と私とは同じつながりがあるのかも？」という気持ちになれる……。この本で取り上げていく日本の神話『古事記』は、そんな物語です。

『古事記』は、日本の国ができた頃のことをまとめた神話というだけではありません。「神様と人間とが一緒」ということを、物語を変え、登場人物を変え、時代を変えて伝えてくれています。だからこそ、長い時代をこえて読み継がれ、多くの人の心の支えになってきたのでしょう。

『古事記』を読み進めていくと

・自分に自信が持てない
・未来のことがどうしても不安だ
・過去にしてしまったことをいつまでも引きずる

といったことが少なくなってくるはずです。

古事記
712年に編纂された、日本最古の歴史書。太安万侶が編纂し、元明天皇に献上された。全三巻で構成され、一巻目に八百万の神が登場する。日本の成り立ちや国づくりのようすが描かれている。

さらに、現代人の多くが直面する「自分とは一体何者だろう？」「自分はこの人生で何をしていけばいいのか？」といった問いかけに対して、考えるヒントをくれるのが『古事記』だと思うのです。

「日本の神様の世界」を知るには、『古事記』以外にもさまざまなアプローチ方法があることでしょう。

ただ、いくら「あの神社には商売繁盛の神様が祀《まつ》られている」「こちらの神様は、恋愛やパートナーシップにご利益がある」という情報をたくさん集めても、「神様の知識を増やした」だけになりがち。たとえていうと、ウイスキーの薄い水割りをチビチビとなめているようなもので、おそらく神様としっかりつながることにはなりません。

古くから続く『古事記』や祝詞のエッセンスを知りながら、「自分とは何か？」を知って毎日を明るく生きることをおすすめしたい。まさに、ウイスキーの原酒そのものの深みを知ってほしいのです。

そんなことから、この本では、単に神様の知識を増やすだけでなく、『古事記』のエッセンスをお伝えしながら、「神様と自分とは一緒」を知り、毎日を明るく生きる——そこにフォーカスしたいと思います。

「祝詞《のりと》」って何でしょう？

もう一つ、この本でお伝えしたいことがあります。それは祝詞です。

祝詞とは、神職が独特のリズムで奏上する文言のこと。七五三や新春、神社参拝などで、正装をした神職が祝詞を奏上しているのを見たことはありませんか。

この祝詞、実は神職だけの専売特許ではありません。実際、全国の神社の多くが所属する神社本庁では、いくつかの祝詞をまとめた「神拝詞《しんぱいし》」を発行して普及を進めており、一般の人向けの祝詞の本もたくさん発売されています。

祝詞は「日本の神様の世界」を身体で感じるためにとても大切なものです。

たとえば、新しいスポーツを始めたとしましょう。そのスポーツに関する教本をいくらか読めば、いろいろな情報を知ることができますね。そのスポーツの「歴史」や「ルール」、「選手としてのマナー」「実際のやり方」などはすぐに集められます。でも実際にできるようになるわけではありません。実際にプレーをするには、体を動かし、技術を身体で覚える必要があります。

これは、「日本の神様の世界」を知る上でも同じです。「神様の世界」という広大な世界を知るには、「人間の頭」だけでは無理。むしろ頭で理解しようとするほど、

奏上
尊い存在に申し上げること。

神拝詞
神様を拝む際に奏上する、祝詞がまとまった蛇腹状のもの。「祓詞」「大祓詞」など、神社で奏上される代表的な祝詞が掲載されている。

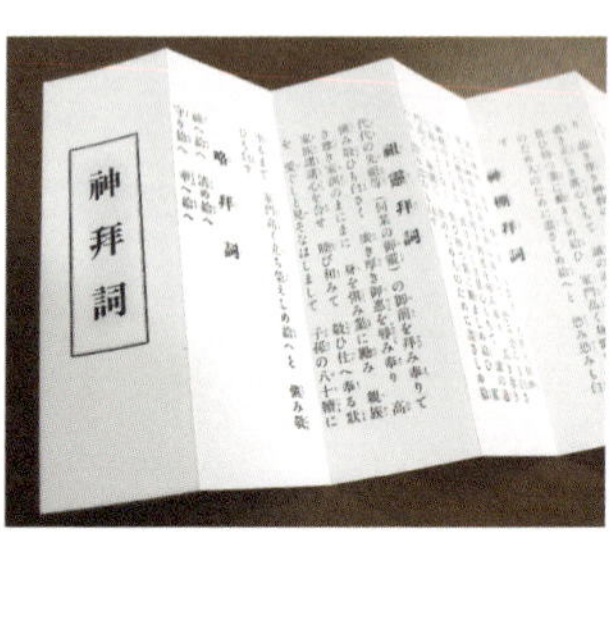

「人間が都合のいいように」神様の世界を知ったつもりになりがちです。

そんなことが起きないよう、知識と身体の両輪で学んでいくのが大切なのです。

そこで、『古事記』で「神様の世界」を知り（知識）、「祝詞」を読んで実践する（身体）ことをこの本ではお伝えしています。

ちなみに昔の人は「稽古照今《けいこしょうこん》」という考えを大切にしてきました。武道や茶道といった日本の伝統文化で使われる「稽古」という言葉には、「古くから伝わっているものを大切にし、その教えからズレないよう心して」という意味がこめられています。『古事記』も「祝詞」も、まさに「稽古照今」ですね。

稽古照今
『古事記』の序文に出てくる言葉。過去のできごとや先人に学び、現状に照らし合わせてみなさい、という意味。過去に学び、今に活かすということの大切さを説いた言葉。

祝詞を奏上する理由

「日本の神様の世界」を知るために、なぜ祝詞を奏上するといいのでしょう。ポイントをいくつかまとめてみました。

1　祝詞には、『古事記』の内容が凝縮されているから

祝詞を奏上していくと『古事記』の理解が深まります。逆に、『古事記』を読んでいくと、祝詞の理解（体感）が始まります。実は『古事記』も「祝詞」もストーリーや主題がほぼ一緒。それぞれをやっていくことで、お互いをより知ることができるようになります。

2　祝詞には、罪や穢《けが》れを祓う力があるから

日ごろ、私たちはさまざまな感情を体験します。自分にとって心地よい感情（好き・うれしい・楽しい）もあれば、心地悪い感情（嫌い・悲しい・寂しい）もありますが、心地悪い感情が身体にたまると、見えない気の流れが滞ってしまうといわれます。そんな気の流れを調え、本来の自分の姿を取り戻すのが祝詞です。

ストーリーや主題がほぼ一緒
神社で参拝をする際に奏上される「祓詞」は、イザナギの禊祓えのシーン（P69）が、神社で半年ごとに奏上される「大祓詞」では二二ギの天孫降臨のシーン（P72）が表現されています。

気の流れが滞る
気の流れがスムーズな状態を、私たちは「すっきり」「すがすがしい」「スカッと」などという言葉で表現しています。

3　祝詞で「神様の世界をもっと学ぼう」という意欲が高まるから

祝詞を奏上していくうちに、いろいろな変化が起きてくることもあります。「人間関係の問題がいつの間にかクリアになっていた」、「他人に意見を言えない自分の性格が変わっていた」「やりたいことが明確になり、それに進んでいく気力が湧いてきた」……。

こうした変化が訪れると、見えない力や理屈、科学を超えた存在を感じずにはいられません。すると「神様の世界をもっと知りたい」と思うようになるはずです。

いろいろな変化が起きてくる
祝詞は、何かしらのメリットを得ようとするのではなく、ただひたすらに奏上することにフォーカスすることが大切だと教えられています。「何かを得ようとしないからこそ、豊かなものが得られる」それが祝詞の世界なのかもしれません。

みんな、自分の中に
神様がいます
でも、その神様が隠れてしまうようなことが……
批判
不安
後悔
愚痴
それを祓えるのが
祝詞なのです！

日本の神様と仲よくなるための『古事記』と「祝詞」

次の章から「日本の神様の世界」について具体的な話を進めていきますが、一つだけ、その前にお伝えしたいことがあります。

「神様のお名前って複雑そう」
「『古事記』？　読もうと思ったこともない」
「祝詞なんて神主さんが唱えているやつでしょう」

初めて「日本の神様の世界」に接するとき、そんな風に思うのは当然です。「神様のことが知りたいだけなのに、どうして『古事記』や「祝詞」についての話までするの？」と感じる人もいるでしょう。

ですよね、その通り。

ただ、神様のことを知れば知るほど、その背景まで知りたくなってくるもの。そして背景がわかることで、より深く神様のことが理解できるようになっていきます。

元バックパッカー（著者）の体験談

冒頭のマンガにも書いた通り、わたしは20代の後半をバックパッカーとして過ごしました。旅をしていると、訪れた国々で数多くの人と出会います。「どこからきたんだ？」「何を目的に旅をしているんだ？」といった差しさわりのない質問を通して、コミュニケーションを図っていくのですが、たびたび「信仰は何だ？」と聞かれることがありました。そこから、「日本にはなぜ神様がたくさんいるんだ？」だとか「日本人は世界がどのようにできたと考えているんだ？」などと話が展開していくことがよくありました。そして、世界各国の人は自国のことについてよく知っているんだな、と感じました。ここ数年、最初はこの本をつらつらと読んでくださるだけでかまいません。ファーストステップで必要なことや知っておくといいことは、すべてこの本にまとめてあります。ただ、もし、もっと神様のことを知りたい、奥深くまで理解したいなどと思うようになってきたら、『古事記』や「祝詞」にも手を伸ばしてみてくださいね。きっと、いつの日かあなたの心の支えになるでしょう。

いやぁ、ここまでがんばらなくてもいいんですけどね
かしこみ〜
かしこみ

世界各国から訪日される人が急激に増えています。そんな中で、みなさんが同じような質問を海外の人からされる機会もあるかもしれません。この本に載っていることを知っていただければ、臆することなくコミュニケーションできると思いますよ。

コラム

日本の神様を知るために～神社参拝の基礎～

Q1 そもそも神社って？

A 神々を祀るために設けられた建物や施設のこと。古くは、山のふもとや川や泉のほとりに榊《さかき》などの樹木や自然の石を設けて神様をお迎えする形だったようです。

Q2 全国にどれくらいあるの？

A 8万社ほどあるといわれています。全国の郵便局数が約2万4千、コンビニエンスストアが約5万店舗などといわれていますから、比較してみるとすごい数ですね。ただ、個人宅の敷地内にある神社などはこの数に含まれていないので、実際の数はもっと多くなります。

Q3 本来、神社って何をしに行くところ？

A 家族の幸せを祈ったり、神様からいただいた恵みに感謝したり、自分の願いをお伝えしたり……。神様との向き合い方は人それぞれ。「こうあらねばならない」と思わずに、素直な気持ちで神様の前に立つことをおすすめします。

Q4 参拝の作法はどうしたらいいの？

A 真摯な気持ちで神様に向き合うこと、これに尽きます。神社や地域によって、参拝の方法に特色があるので、日本にあるすべての神社で共通する厳格な取り決めはない、と思っていいでしょう。ただ、この後で一般的な例をお伝えしておきますね。

Q5 参拝で迷ったら？

Ⓐ「神様に自分の名前や生年月日、住所を名乗るとよい」「お賽銭は○○円がよい」「神様の前ではお願いをしない方がよい」など、参拝に関してさまざまな情報がありますが、まったく相反している場合もあり、混乱してしまいがちです。もしも迷ったとしたら、「自分がどうすれば神様の前で、自然で素直な形でいられるか？」というところに立ち返り、それに沿って行ってくださいね。

神社に出かける服装

目上の方に接するような服装が好ましいです。半ズボンや肩の出る洋服、サンダルなどの軽装は避けましょう。「正式参拝」と呼ばれる社殿に上がっての参拝では、男性はスーツにネクタイ、女性も同等の服装を求める神社もあります。

神社に入る・出る

神社の入り口となる「鳥居」には、日常生活と神社のご神域とを区別する結界のような役割があります。立ち止まって軽く一礼してから入りましょう。

参道を歩く

鳥居から社殿に向かう道を「参道」といいます。参道を歩いているときから参拝は始まっているという心持ちでお参りしましょう。参道の中央は「正中」と呼ばれ、神様が通る道といわれています。近年ではここを避けて端を歩くことで、神様への敬意を示す作法になっているようです。

社殿 神様が祀ってある建物のこと。

自分を清める

これから神様に向き合うために手を洗い、口をゆすぐことを「手水《てみず》を取る」といいます。また、これを行う施設を「手水舎」（てみずしゃ、ちょうずしゃ）といいます。

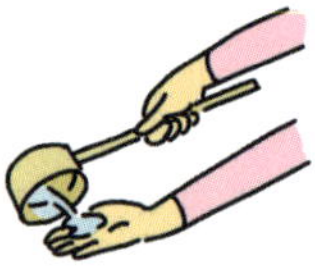

STEP❶ 【左手を清める】
右手で柄杓《ひしゃく》を持ち、水を汲んで左手にかけます。

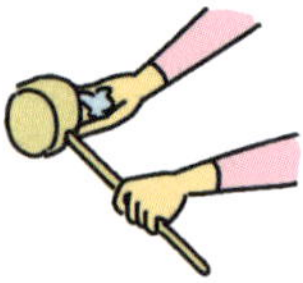

STEP❷ 【右手を清める】
柄杓を左手に持ち替えて、同じように右手に水をかけます。

STEP❸ 【口をすすぐ】
柄杓を右手に持ち替えて、左の手のひらに水を受け、口をすすぎます。

STEP❹ 【左手を清める】
口をすすいだら、再び、左手に水をかけます。

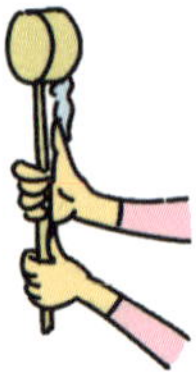

STEP❺ 【柄杓を洗う】
水の入った柄杓を立て、柄の部分に水を流して手にした部分を洗います。

拝礼する

神様への畏敬の念、崇敬の思いを素直に示しましょう。近年は、「二礼、二拍手、一礼」の作法をもって参拝する方が多くいます。

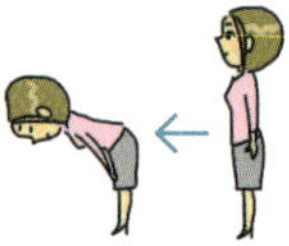

STEP❶
まっすぐに立ち、90度に腰を折って、二回、深くおじぎをします。

STEP❷
両手を胸の高さまで上げ、手のひらを合わせます。

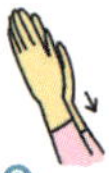

STEP❸
右手を少し下にずらし、拍手を二回打ちます。

STEP❹
右手を元に戻し、両手を合わせて神様に向き合います。

STEP❺
両手をおろし最後にもう一度、深くおじぎをします。

神社を出る

神社に入るときと同様に、神社から出る際も社殿に向いて一礼します。

2章

大活躍！ 6柱の神様

ここから始まる神様のストーリー

日本の神様のことを知るのに、『古事記』や祝詞を学ぶことが大事だと何となくわかりました。独りよがりにならないためなんですね！

ええ。神様の世界は想像をはるかに超えた世界だから、僕らが自分勝手に語ったり、都合のいいように理解したりするのはおこがましいはずなんです。古くから「神の世界、はかりがたし」といってそれを戒めてきたんですよ。

でも、「この神様に参拝したら人生が開けていく」だとか、「このようにお祈りをすると神様にきちんと届く」といった情報をよく見ますよ。

そうですよね。でも、それらってほとんどが5年とか10年といった時間の中でいつしか消えてしまいますよね。

そうかもしれませんね……。ダイエットや健康法みたいなものでブームみたいなのもあるのかしら。

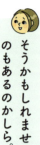

本当に多くの人に価値あるものだったら、長く残っていきますよね。ブームで終わっているのだとしたら、情報の価値がそれまでだったということなんですよ。

だからこそ、昔から伝わっているものから学ぶということですね。

そう、**『古事記』は1300年前に編纂**されています。「昔から伝わっている」ということは、時代をこえて通用する価値が必ずあるはずなんですよ。

それはわかるんだけど、なんだか『古事記』って聞くだけで難しそう。

そう思うのは当然です。かつては、親から子へ、先生から生徒へ、『古事記』の物語の面白みや価値が語り継がれていたと思うんです。それが昔話や民話と結びついて、知らず知らずの間に知識となっていったんでしょう。それらが断絶してきているんだから、難しそうと思っても仕方ありません。

何か簡単に読める方法はないんでしょうか？

そうくると思いました（笑）。『古事記』を「理解しやすいところ」「大事なところ」から読んでみてください。私はそう割り切って『古事記』をお伝えしていますよ。

『古事記』は1300年前に編纂　712年に太安万侶が編纂し、当時の元明天皇に献上された。日本最古の歴史書。

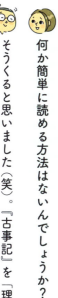

ところで、**「20対80の法則」**って聞いたことあります？

「全体の2割で、主要となる8割をカバーしている」って法則ですね。「働きアリの仕事の成果の8割は、全体の2割のアリが生み出している」って話を聞いたことあります。

そう、それを『古事記』に適用するんです。『古事記』も大切な2割をつかめれば、大まかなストーリーがわかるはず。

話題の本を速読で読むような感じかな？

ええ。「神話を読むんだ！」って身構えて『古事記』に向き合うと、どうしても難しく感じてしまう。もっと気楽な感覚で接した方がいいんです。

それなら読めるかも。

全体の2割をつかみさえすれば、『古事記』の全体イメージが見えてきます。そこまできたら話は早い。全体が見えないから、読むのがつらくなる。

へええ。では、その、大切な2割というのをぜひ教えてください。

はい！

「20対80の法則」　全体の2割の要素が、全体の8割を生み出しているという考え方。別名、「パレートの法則」ともいわれています。ビジネスの世界でよく使われる経験則のようなものです。

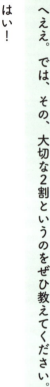

ここだけわかれば『古事記』はイケる
早わかりガイド

その1
6柱の神様
P40〜

『古事記』で
特に活躍する場面が多い
6柱の神様

その2
3つの世界
P64〜

『古事記』の
舞台となる3つの世界

その3
6つの物語
P66〜

『古事記』の
中心となる6つの物語

日本の神様ともっと仲よくなるために、
『古事記』を中心に話を進めていきましょう。
そのために知っておきたい3つの要素をまとめました。

6柱の神様 1

イザナギ

どんな神様ですか？

妻・イザナミと共に「国づくり」をした神様として有名です。日本の国土や多くの神様は、この二柱の神々によって生み出されました。これを「修理《しゅうり》固成《こせい》」といいます。

どうやって「国づくり」をしたんですか？

天の浮橋という場所に立って、矛《ほこ》を使って海をかき混ぜたようです。矛先から滴った海水が固まって島（オノゴロ島）になり、その島に降り立ったイザナギ&イザナミが日本列島と神々を生む仕事に着手するんです。

「国づくり」をしたということは、最初の神様ってこと？

いいえ。**イザナギ&イザナミが誕生する前に、数多くの神様がおられます。**最初は、混沌としている状態から徐々に神様が姿を現してきた様子が神話には書かれています。ただ、具体的に何があったかほとんどわかりません。そのうち、神様が人格神として描かれるようになり、その最初の神様がイザナギ&イザナミです。

お二人の「国づくり」はスムーズだったんですか？

次々に国土と神様が生まれていきますが、妻・イザナミが火の神様・カグツチを生んだときに**トラブルが起きます。**

トラブル？

神様も亡くなるんだ。

奥様を亡くすとはつらいですね。

妻であるイザナミが、出産時に**子・カグツチに焼かれて病に伏せ、亡くなる**んです。「国づくり」の最中の悲運の死ですね。
それでも、病床で亡くなるまで神々を生み続けたといわれています。

そう。**楽しければ大笑いし、悲しければ嘆きもするのが日本の神様。**私たちとまったく変わりありません。この世界を創り出した絶対神ではないので、**亡くなることもある。**『古事記』によると、病気になったり、ひげが伸びたりしていた神様もいたようです。

そのつらさからイザナギは思いきった行動に出ます。妻・イザナミを追いかけて**死者の国（黄泉《よみ》の国）に行く**んです。死者の国ですから、本当はイザナギのように生きている存在は足を踏み入れてはいけない場所。よほどの思いだったんでしょう。

無事に再会できたのかしら？

ええ。でも後にしこりが残る形でした。イザナミが「決して姿を見ないで」と言ったにもかかわらず、イザナギはそれを見てしまうんです。すっかり変わり果てたイザナミの姿を目撃し、**イザナギは黄泉の国から逃げ帰ります。**それが日本初の、夫婦の言い争いです（笑）。

イザナギは無事に逃げられたんですか？

無事に逃げ通せたようです。ただ、自らが死者の国に赴いて汚れてしまったということで、禊祓《みそぎはら》えをします。その結果、アマテラスやスサノオといった尊い神様を生むんです。

その後はどうなったんですか？

近江の多賀（現・滋賀県）に鎮座されたといわれています。

どちらの神社に、お祀りされてますか？

伊弉諾神宮（兵庫県）、**多賀大社**（滋賀県）、**伊佐奈岐宮**（三重県）などにお祀りされています。

イザナギとつながりがある神様

妻　イザナミ

子　オオワタツミ

「ワタ」は海を、「ミ」は「霊」を意味する言葉。海をつかさどる主宰神だと考えられている神様。そんなことから、「海上安全」「大漁祈願」にご神徳があるようです。

子　シナツヒコ

風をつかさどる神様。「シナ」は「息長＝息が長い」という意味があるということから転じて、「長寿の神様」ともいわれています。また、鎌倉時代の蒙古襲来のときに、この神様のご神徳で神風が起きたとされることから、「国家平安」のご利益もあるとされています。

子　カヤノヒメ、カグツチ、ククノチ、オオヤマツミなど

イザナギを助けた神様　オオカムズミ

黄泉の国から逃れるイザナギが、追っ手に撃ちつけた３個の桃の実。この桃の実にご神名が授けられたのがこの神様です。「命ある人々が苦しんだり、悲しんだりしたときに助けてくれ」とイザナギに託されました。古来より「聖なる食べ物」「魔除けの果物」ともいわれた桃は、邪気を祓い、生命を守護する呪力を持っていたといわれています。

子　ツクヨミ

イザナギが禊祓えをした際に、洗った右目から生まれた神様。月を神格化した夜の世界を治める神といわれていますが、性別は明らかではありません。アマテラスやスサノオといった他の兄弟に比べると、神話での記載が少なく静かな印象のミステリアスさが人気。「ツクヨミ＝月を読む」と解釈できることから、暦をつかさどる神様とされることもありますね。そこから、暦を読むことが不可欠だった農耕や漁業をつかさどる「五穀豊穣」「漁業の神様」としても信仰されてきました。

子　アマテラス、スサノオ

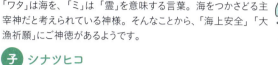

6柱の神様 2

イザナミ

イザナギの**奥様**ですよね？

子どもに**焼かれた**と聞きましたが？

焼かれて、**どうなったんですか？**

はい。**イザナギの「キ（ギ）」は男性を、イザナミの「ミ」は女性を意味する**といわれています。ちなみに表彰式で歌われる「君が代」も、「キ」と「ミ」の国という意味合いがあるともいわれているんです。

そうなんです。カグツチを生んだとき、イザナミの陰部が火に焼かれてしまったんですね。カグツチは火の神様ですから、ものすごいエネルギーを持っていたんでしょう。この物語には**「火の取り扱いは注意しないと神様ですらケガをする」**という教訓が含まれている気もします。

火傷が元で、**病に伏せてしまう**んです。日本の神様は万能ではないですからね。

ただ、そんな中でも吐しゃ物や尿から神々をお生みになるなど、最後の最後まで、国づくり・神生みの役割を果たそうとされたようです。

吐しゃ物や尿から
神々が生まれるんだ!

スゴイお話ですね。その後、
イザナミは?

黄泉の国まで
追いかけていったイザナギと
夫婦の争いをしたんですよね?

吐しゃ物からカナヤマビコ、カナヤマビメが、尿からミツハノメ、ワクムスヒといった神々が生成しています。「八百万の神様」がいらっしゃるという日本人にとっては、**キレイとか、キタナイを超えた世界**というのがあったんじゃないでしょうか。

病がきっかけで亡くなり、その遺体は**比婆山(現・島根県と現・鳥取県の県境)に埋葬された**といわれています。神話では初めて葬送された神様です。

そして、イザナミは亡くなった存在の世界(黄泉の国)へ行くんです。

「私の姿を見ないで」と言ったイザナミでしたが、イザナギは禁忌を犯して変わりはてた妻の姿を見てしまい、それに怒ったイザナミがイザナギに追っ手を差し向けるんです。イザナミは、追っ手の道をふさいだイザナギに対し、「一日千人の人を殺す」と怒りますが、イザナギはそれに対し、「一日千五百人の人を生む」と答え、これが**人間の生と死の起源**だといわれています。

イザナミはその後どうなったんですか？

黄泉大神《よもつおおかみ》と称されていることから、**黄泉の国を統治しているのではないか**と推測されています。一方のイザナギは、黄泉の国から逃げた後、禊祓えをしてアマテラスなどの神様を次々に誕生させたといわれています。

イザナギは奥さんがいないのに、神々を生んだんですか？

禊祓えをしたイザナギは一人で神様を生みます。ここは、私たちの感覚ではわかりにくいかもしれませんね。一説では、**イザナギがイザナミの力までを包括する存在になった**といわれていて、『古事記』では黄泉の国から帰ったイザナギの名前が微妙に変わって「イザナギ大神」になっています。妻の死という苦労を経験し、存在そのものが変わったということなのかもしれません。

どちらの神社に、お祀りされてますか？

伊弉諾神宮（兵庫県）、**多賀大社**（滋賀県）、**伊佐奈岐宮**（三重県）などです。

イザナミとつながりがある神様

夫 イザナギ

子 オオワタツミ、シナツヒコ

子 ククノチ

樹木をつかさどる神様。「クク」は茎を、「チ」は精霊を意味するといわれています。屋根の神様としても崇敬されており、現在でも家屋の上棟式でのご祭神の一柱とされています。

子 オオヤマツミ

山をつかさどる神様。「オオヤマ」は「大いなる山」を、「ミ」は「霊」を意味しています。天孫降臨の後、ニニギが妻としたコノハナサクヤヒメの父が、オオヤマツミだといわれています。

子 カヤノヒメ

草をつかさどる神様。ご神名の「カヤ」とは、屋根を葺くのに使われた「萱」のこと。人間にとって身近な草である「萱」が草の神として信仰されています。

子 カグツチ

火をつかさどる神様。この神様に陰部を焼かれた母・イザナミは、それがもとで亡くなります。妻・イザナミの死に嘆き、怒ったイザナギがカグツチを剣で切り刻むと、血や死体からさまざまな神様が生まれました。「火伏せの神様」として厚く信仰されているほか、「温泉の神様」や、火の力で鉄を溶かすことから「鍛冶の神様」としても信仰されています。

6柱の神様

3 アマテラス

イザナギが禊祓えをしたとき、生まれた神様って？

何をした神様なんですか？

「天の岩戸」、聞いたことあります！

それは大変！で、**どうなったんですか？**

禊祓えをしたイザナギの左目から生まれたのがアマテラスです。イザナギは多くの神様をお生みになるんですが、その中でもアマテラス・ツクヨミ・スサノオは特に尊い神様で、**「三貴子」**と呼ばれるんですよ。

ひと言で表現するのは難しいですね。というのも、『古事記』では多くのシーンに登場されているからなんです。いろいろなストーリーがありますが、よく知られているのは**「天の岩戸」と「天孫降臨」**かな。

弟・スサノオの横暴にたまりかねたアマテラスが、**岩戸に隠れてしまうという話**です。アマテラスは太陽を象徴する神様なので、この世界が真っ暗になってしまうんですね。

知恵の神様が中心となり、アマテラスを岩戸から出す計画を立てるんですよ。そして、装飾品の神様や鏡の神様などがそれぞれの持ち分に従った働きをします。**最後はアマテラスが外に出てきて、再び元の世界へと戻る**という物語です。

岩戸から出てきたアマテラスは？

アマテラスは生まれたとき、父・イザナギから「高《たか》天原《まのはら》を統治するように」と役割を受けているんです。

なので岩戸から出た後、**高天原の主宰神としての役割を果たしました。**

では、「高天原を無事に統治して、めでたし……」と？

いや。あるとき、アマテラスが「**葦原《あしはら》中国《のなかつくに》は私の子どもが統治する国である**」と言い出すんです。それが、神話が大きく展開していくきっかけです。葦原中国は、あとで説明しますが、すでにオオクニヌシが国づくりをしており、アマテラスが「自分の子どもが統治する」と言っても、オオクニヌシからしたら寝耳に水なわけです。

では、けんかになった？

うまくいったんですか？

ここが日本の神様の素晴らしいところです。**戦いで国を治めようとするのではなく、アマテラスは使者を派遣し、対話で交渉**します。

最初の使者は3年、次の使者は8年と、長い時間がかかったようですね。そもそもオオクニヌシは国づくりをしたほどの有能な神様だったので、送り込んだ使者を取り込んで協力者にしてしまうほどの魅力があったんでしょう。

結局のところ？　それで、子どもが統治をしたということなんですね？

「3度目の正直」ではないけど、とても強い神様を派遣します。その神様・タケミカヅチがオオクニヌシと交渉をし、**無事に国ゆずりが成立**しました。

いや、本当はお子さんが統治する予定だったんですが、あまりに長い時間が経過してしまったので**お孫さん（ニニギ）がその役割を引き受け**ました。

この一連の物語を**「天孫降臨」**といいます。天（アマテラス）のお孫さんが高天原から葦原中国に降臨したという意味ですね。

その後、どうなったんですか？　お祀りされてますか？　どちらの神社に、

アマテラスは高天原だけでなく**葦原中国の守護神**として、末永く私たちを見守ってくれています。また、稲作をこの世界に伝えたともいわれており、日本の総鎮守神とされ、お祀りする伊勢神宮は大勢の人の崇敬を受けています。神棚にアマテラスのお札をお祀りしますが、こういった理由からなんです。

伊勢神宮の内宮（三重県）、**天岩戸神社**（宮崎県）、**廣田神社**（兵庫県）などです。

アマテラスとつながりがある神様

父 イザナギ　**弟** ツクヨミ、スサノオ

子 5柱の男神

スサノオと「うけひ」を行ったときに生まれたのが、オシホミミ、アメノホヒ、アマツヒコネ、イクツヒコネ、クマノクスビという5柱の男神。長男のオシホミミ、その息子・ニニギの系譜が今の天皇家の祖先であり、「稲穂の神」「農業の神」としても信仰されています。

岩戸神話に登場した神様

オモイカネ 思慮を兼ね備えた、知恵の神様。アマテラスが岩戸にこもった際、他の神様の役割を考え、全体の計画をプロデュースしました。何かを成し遂げるために、「思慮を尽くして考える」ことの大切さを象徴している神様。

アメノコヤネ 岩戸神話で、祝詞を奏上した神様。「言霊が幸(さきわ)ふ国」という表現があるように、日本では言葉には呪力が宿ると考えられています。事実、この神様を祖先とする藤原(中臣)氏は天皇家と結びつき、栄華を極めていますから、「神様の世界と私たちとをつなぐ神様」ともいえるかも。

アメノウズメ 岩戸神話で、衣装を乱して踊った神様。神がかりして踊る様子に神々がどっと歓声をあげたため、岩戸に隠れていたアマテラスがのぞき見をしたといわれています。日本で初めてとなる踊りを演じたことから、俳優の起源・芸能の神様としての信仰も。

アメノタジカラオ 壮大な力を持っており、岩戸神話では、細く開けて外の世界をうかがったアマテラスの手を取って引き出した神様。「自信のなさを振り払い、思い切ってやる」ことを象徴しています。

天孫降臨で交渉役を務めた神様　タケミカヅチ

イザナギがカグツチを切った剣についた血から生まれた神様。アマテラスの意向を受け、オオクニヌシに国ゆずりを迫ったとき、最後まで抵抗したタケミナカタを科野(現在の長野県)まで追いつめ、役割を果たしました。その勇猛果敢さから、武道や勝負事の神様として信仰されています。

孫 ニニギ

6柱の神様 4

スサノオ

アマテラスの弟さんですよね？

アマテラスの「岩戸隠れ」の原因を作った神様？

岩戸神話で、アマテラスを岩屋から出そうとした？

神様も苦労するんですね。

そうです。父・イザナギが**禊祓えをした際に鼻から生まれました。**太陽の象徴・アマテラス、月の象徴・ツクヨミに対して、風や暴風の象徴といわれています。

そうなんです。アマテラスとスサノオとが「うけひ」と呼ばれる儀式をしたのですが、それで勝ちに乗じたスサノオが、**横暴なふるまいを重ねた**といわれています。暴風の神様だけにやることが激しいですね。

特に**そういう話は伝わっていない**んですよ。逆に、このとき、活躍した神々によって高天原から追放されているんです。ある神話には、雨に濡れ、留まる場所もなく、だいぶ苦労をした様子が描かれています。

そうなんです。**すべてが思い通りに運ばないのが、日本の神様**の世界ですから。

それで、**反省した**のかな？

どう変わったんですか？

うーん、「神様の世界、はかりがたし」といわれますので、それはわかりません。ただ神話によると、**この辺りからスサノオの性格が一気に変わる**んですよ。

奥様をめとって、多くの人を困らせていた**怪物をスサノオならではの知恵を使い、退治**するんです。それまではどこかワガママな印象のスサノオが、困っている人のためにその力をいかんなく発揮し始めました。日本で初めてとなる和歌も詠まれました。

かつてアマテラスを困らせたとは思えない**変化**ですね。

本当に。さんざん、やんちゃを繰り返したつっぱりが、大人になってから世のため人のために力を尽くす――そんな姿を思い起こさせますね。**「人はいつからでも変われる」「大器晩成」**など、スサノオの物語からはそんなことを感じるんです。だから多くの人に人気があるのかもしれませんね。

その後、どうなりますか？

妻・クシナダヒメと、「わが心、すがすがし」との言葉と共に須賀（現・島根県）の地に鎮座されたといわれています。**「すがすがし」**と**「須賀」**。ダジャレのようですね。

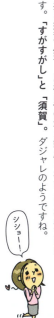

そのまま**収まった？**

スサノオが与える**試練！**

さぞかし激しそう。

どちらの神社に、

お祀りされてますか？

いやいや。この後もまだ活躍します。後年、兄の横暴にたまりかねたオオクニヌシが根の国に逃げてきたとき、**試練を与える神様**として登場するんです。

そうなんです。スサノオはオオクニヌシに、**次々と試練を与え**ます。ただ、スサノオの娘であるスセリビメがオオクニヌシを力強くサポートし、最後はスサノオがオオクニヌシに「がんばれよ」といったニュアンスの言葉を送るほどに。娘を嫁がせた、お父さんのような心持ちだったのかもしれませんね。

氷川神社（埼玉県）、**須佐神社**（島根県）、**八坂神社**（京都府）などです。

スサノオとつながりがある神様

父 イザナギ　**姉** アマテラス　**兄** ツクヨミ

妻 クシナダヒメ

ヤマタノオロチに生贄として食べられるところをスサノオに助けられ、妻になった女神です。クシナダヒメを「櫛」に変身させて髪に刺したスサノオが、知恵を使ってヤマタノオロチを退治したといわれています。「クシ」は「奇し」＝奇妙な力を、「ナダ」は稲田を表現した言葉で、季節の変化によって成長する稲の不思議な力を神格化した神様です。「縁結び」「稲作守護」などにご神徳があります。

娘 宗像三女神（タキリビメ、イチキシマヒメ、タキツヒメ）

アマテラスとの「うけひ」をした際にスサノオの剣から誕生した神様。女神が3柱生まれ、スサノオは潔白を証明したとされています。海上の交通を守護する海の神様として広く信仰され、イチキシマヒメはインドの神様・弁才天と同一とされるため、「学問の神様」「弁舌の神様」「財産の神様」としても信仰を集めています。

子 ウカノミタマ

稲に宿る霊として信仰され、全国に分布している稲荷神社の神様として有名。稲荷とは、「稲を荷物として背負う」という説があり、「稲＝お金」だったこともあって「商売繁盛」「財福」の神として信仰されています。神様と一緒にいるキツネは、ウカノミタマの眷属（けんぞく・神の使者の動物）です。

食べ物を乞うた神様 オオゲツヒメ

高天原から追放されたスサノオが、食べ物を乞うた神様です。鼻や口、お尻から食物を取り出して調理したので、スサノオの怒りに触れて殺されてしまいましたが、その屍から、粟、小豆、麦といった五穀の種ができたとされています。私たちの生活のベースとなる「食べるもの」「食べること」をサポートしてくださる神様といってよいでしょう。

子孫 オオクニヌシ

6柱の神様 5

オオクニヌシ

神社好きな友だちがオオクニヌシの**ファン**なんです！

そのほかの**特徴**は？

どんな**試練**があったんですか？

とても**人気のある神様**ですよね。**「麗《うるわ》しき壮夫《おとこ》」と表現されている**から、現代的にいうと、イケメンの神様という感じでしょうか。

ご神名が数多くある神様で、「オオナムジ」「アシハラシコオ」「ヤチホコ」など、**全部で5つ**が神話に記されています。あとは、**多くの試練に立ち向かう**点でしょうか。これでもか、これでもか、と試練が続くんですが、周囲の神様にサポートされて困難を乗り越えるんです。そんな姿も私たちの共感を得るのかもしれませんね。

「意地悪なお兄さんたちに二度も殺されている」「国づくりのパートナー・スクナヒコナが途中でいなくなる」「アマテラスの使者から、国ゆずりを迫られる」――そんな一つ一つが『古事記』での名場面といってもいいほど、さまざまな試練続きなんです。

「国ゆずり」というのは、苦労してつくった国をゆずるということ？

なぜ、「国ゆずり」をしようと思ったんでしょう？

こうも試練が続くと、周囲も力を貸したくなりますね。イケメンだし（笑）！

そして女性には人気があった？

そうです。スクナヒコナと一緒に苦労してつくり上げた国を、高天原の神様へゆずるという話です。私たちにも「え、なぜ？」と理不尽さを感じるできごとってありますが、神様にも同じことが起きるんです。

諸説ありますが、具体的には描かれていません。逆に、それらを想像して読むことで神話がとてもリアルな物語になっていくんじゃないでしょうかね。具体的な答えを求めるのじゃなく、**「自分なりの答えを見つけてみよう」と向き合っていく**と、現代に活かせるヒントがたくさんあると思います。

それは、神様の世界も人間の世界も一緒かもしれません（笑）。オオクニヌシは、母であるサシクニワカヒメ、スサノオの娘・スセリビメ、一寸法師のモデルになったともいわれるスクナヒコナなど、多くの神様がサポートをしてくれます。

仕事ができるし、とにかく人たらし、それでいてどこか弱さも感じる……。一世を風靡したベンチャー企業の社長みたいな人のイメージかな。

そうなんです。正妻であるスセリビメ、そのほかにヤガミヒメ、ヌナカワヒメ、カムヤタテヒメ、タキリビメ……。とにかく**女性関係は多彩**です（笑）。

それだと、奥さんが**嫉妬**したんじゃないですか？

もちろんです。正妻がいるにもかかわらず、ヌナカワヒメとも結婚したので、正妻である**スセリビメの嫉妬は激しかった**ようです。それに困惑したオオクニヌシが出雲から大和へ旅立とうとしたけれど、結局、和解したといわれています。雨降って地固まる、というやつですね。

国をゆずった後、オオクニヌシはどうなったんですか？

「国ゆずり」を承諾する代わりに、「自分を祀る神社を建ててください」とお願いし、**荘厳な神社を創建してもらった**といわれています。**それが今の出雲大社**です。昔の社殿は今のものとは比較にならないほど、大きかったみたいですよ。

どちらの神社に、**お祀りされて**ますか？

出雲大社（島根県）、**大国主神社**（和歌山県、大阪府、長野県、秋田県）などです。

オオクニヌシとつながりがある神様

兄 八十神

因幡の国・ヤガミヒメに結婚を求めますが、末弟のオオナムジ（オオクニヌシの別名）が結婚することになったので恨み、殺すことにしました。大きな石を火で焼いて転がし、それを捕まえようとしたオオナムジは火に焼かれて亡くなります。

母 サシクニワカヒメ

母で、八十神に殺された子を嘆きます。高天原の神様に懇願してキサガイヒメ、ウムギヒメに治療してもらい、オオクニヌシを蘇生させました。

妻 スセリビメ

正妻。兄の横暴から逃げ、根の国にたどりついたオオナムジに、スセリビメの父・スサノオは多くの試練を課します。スセリビメの機転によって試練を乗り越え、根の国を脱出。スサノオは「スセリビメを正妻として国を治めよ」と呼びかけましたが、当時のオオナムジはヤガミヒメと結婚していたため、スセリビメは激しく嫉妬したといわれています。

国づくりのパートナー スクナヒコナ

国づくりを行ったパートナー。指の間からこぼれ落ちるほど小さい神様で、農耕や医療など、さまざまな分野に力を発揮します。あと少しで国づくりが完成という頃にオオクニヌシの前から姿を消し、常世の国に向かいました。

お祀りした神様 オオモノヌシ

国づくりのパートナー・スクナヒコナが去り、悲嘆にくれたオオクニヌシの前に現れた光り輝く神様。「私を山の上に祀れば国づくりはうまくいく」と伝え、この託宣を忠実に行ったオオクニヌシは国づくりを完成させます。この山が現在の三輪山（奈良県）といわれています。

子 コトシロヌシ

「国ゆずり」を迫るタケミカヅチへの返答に承諾をし、隠れてしまいました。その後、「国ゆずり」を認めたオオクニヌシは、「コトシロヌシが先頭に立てば180人の子どももそむきはしまい」と言ったそうで、よほど信任深いお子様だったのでしょう。

子 タケミナカタ

国ゆずりを迫るタケミカヅチに最後まで抵抗しましたが、タケミカヅチの変幻自在ぶりと怪力ぶりに逃げ出し、科野国（現在の長野県）まで追い詰められて敗北、国ゆずりを誓います。

祖先 スサノオ（6代前）、イザナギ（7代前）

6柱の神様 6

ニニギ

変わった名前ですね？

稲穂は誰が伝えたんですか？

稲穂はそんな大切なものだったんですね？

正式なお名前は「天邇岐志国邇岐志天津日高日子番能邇邇芸命」。何かの呪文みたいですね（笑）。「ニニギ」は**稲穂が豊かに賑わしく育っている様子**を表現しているといわれています。

アマテラスです。ただ、アマテラスは高天原での役割を果たしているので、他の神様に稲穂を託すんです。実際に**稲穂をこの世界に持ってきた**のはニニギなんですよ。

そう、『古事記』にはアマテラスが高天原で稲作をされていたことをうかがわせる記述もあるんです。麦や粟などの穀物もありますが、稲は特別だったんでしょう。

収穫量がとても多く、栄養が豊富で、そのうえおいしい。**「この稲穂を日本人の主食にしなさい」**というのがアマテラスの意図だったんじゃないでしょうか。

アマテラスの意を受けて、この国に降りたのがニニギですか？

オオクニヌシが「国ゆずり」を承諾し、アマテラスは自分の子孫であるニニギに葦原中国の統治を命じます。ニニギのいる高天原は上方にある世界とされているので、神様が降臨してきたという表現をするんですよ。

降り立った場所は？

いくつか説があるんですが、正確にはわかりません。ただ、九州・霧島連峰にある**高千穂峰**、**宮崎県高千穂町**などに降臨伝説があるんですよ。

ニニギは一人で行ったんですか？

いや、アマテラスのお孫様ですから、そんな無茶はないですよ。大きな会社の社長にはちゃんと秘書や広報担当がいるでしょう。**5柱の神様（アメノコヤネ、フトダマ、アメノウズメ、イシコリドメ、タマノヤ）がニニギに従った**ようです。

5柱の神様たちは、他に何をされたんですか？

天の岩戸開きにも登場しています。アマテラスのご信頼が厚い五神だったんでしょう。

降臨してから、どうされたんですか？

高千穂に大きなお宮を建てたといわれています。そして、コノハナサクヤヒメと出会い、求婚するんです。コノハナサクヤヒメの父・オオヤマツミはそれを喜んで、姉であるイワナガヒメとともにニニギに差し出したんですが、ニニギは醜いイワナガヒメを送り返し、容姿端麗なコノハナサクヤヒメとだけ、結婚しました。

なんかイメージ悪い（笑）。

お二人は仲むつまじかったのかしら？

結構、無茶しますね。

どちらの神社に、お祀りされてますか？

娘を返されたオオヤマツミはたまらないですよね。結婚にあたって、**「イワナガヒメを妻にすればニニギの命は永遠、コノハナサクヤヒメを妻にすれば花が咲くように繁栄するだろう」**と誓ったといいます。結局、ニニギがコノハナサクヤヒメとだけ結婚したので、ニニギ、及びその子孫の命が有限になったといわれているんです。

コノハナサクヤヒメは結婚して一夜で妊娠するので、「それはどう考えてもおかしい」とニニギは疑いをかけるんです。まぁ、気持ちはわかりますよね（笑）。疑いをかけられたコノハナサクヤヒメは、火を放ってその中で出産をしようとするんです。**「ニニギの子どもなら何があっても無事に誕生できるはず」**という考えだったようですね。

ほんとに。でも**3柱の神々が無事に生まれました。**火が盛んに燃えたときに生んだ子（ホデリ）、火が弱くなったときに生んだ子（ホスセリ）、火が消えたときに生んだ子ども（ホオリ）です。『古事記』は、その先、この3柱の神様をめぐる話で展開していきます。

高千穂神社（宮崎県）、**霧島神宮**（鹿児島県）、**射水神社**（富山県）などです。

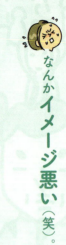

ニニギとつながりがある神様

天孫降臨時の道案内　サルタヒコ

天孫降臨の際、ニニギらの先導を申し出た神様。長身で鼻が長く、目は鏡のように赤く輝くという姿から天狗の原型という説も。

妻　コノハナサクヤヒメ

「ぱっと咲く桜の花」を意味するお名前の美しい神様。そのため、夫・ニニギに「妊娠したのは本当に自分の子？」と不審を抱かれてしまうほど。自らの潔白を証明するため、出口のない産屋（赤ちゃんを産む場所）にこもって火をつけ、その中で3兄弟を生みました。

子　ホデリ、ホオリ

コノハナサクヤヒメの火中出産で生まれた3兄弟。末弟・ホオリ（別名：ヤマサチ）は長男・ホデリ（別名：ウミサチ）に「互いの道具を交換しよう」とせがんだ結果、兄の釣針をなくしてしまいます。自らが作った釣針で弁償しようとしますが、兄に拒否され、途方に暮れていたとき、シオツチの導きによって海神の宮に行くことになります。

ニニギの子どもの妻　トヨタマビメ

ニニギの三男・ホオリの妻。シオツチの導きによって海神の宮にきたホオリと出会い、その姿に魅せられて妻となりました。3年後、地上に戻ることになったホオリとの間にウガヤフキアエズを生みます。その際、「お産をする様子を見ないで」と言ったにもかかわらず、出産の姿（ワニの姿）を見られたことから恨みと恥を感じ、海へと帰ってしまいました。

孫　ウガヤフキアエズ

海辺に設けられた産屋の中で誕生。しかし出産したときの姿を見られたトヨタマビメは、ウガヤフキアエズを草に包んで海辺に置いて去ってしまうため、叔母・タマヨリビメに養育されました。初代天皇・神武天皇の父ですが、神話には具体的な事績が出てきません。

ニニギの孫の妻　タマヨリビメ

ウガヤフキアエズを養育し、そのフキアエズと結婚される神様。ご神名の「タマ」は「霊」を、「ヨリ」は「憑りつくこと」を意味しています。4柱を生み、最後の子どもがカムヤマトイワレビコで、後の神武天皇といわれています。

日本の神様を知る上で大切な「3つの世界」

「そもそも、日本の神様はどこにいるの？」

「日本の神様って、どこで活躍していたの？」

それをひも解くカギは、「3つの世界」にあります。

「上の世界」「下の世界」、そして「真ん中にある世界」。垂直に位置する3つの世界（順に、高天原、葦原中国、黄泉の国）。それが『古事記』の舞台です。

『古事記』では神々がこれらを行き来しながら、リズミカルにストーリーが進んでいきます。「イザナギが黄泉の国におもむく」「スサノオが高天原に行く」、「ニニギが葦原中国に降臨してくる」といった具合に、たびたび出てきます。

神様の住む空の向こうにある世界、亡くなった存在がおもむく地下にある暗い世界、そして、私たちが住んでいる中間の世界。この3つをイメージしておくと、一層、神様のことがわかるようになるでしょう。

高天原

〈上の世界〉

(たかまのはら・たかまがはら)

神々がおられる、天上にある広大な世界。ここに居住する神々を「天つ神」と呼びます。

イザナギの命を受けたアマテラスが統治する世界。有名な「天の岩戸」(→P70)は、ここ、高天原での話です。

葦原中国

〈真ん中の世界〉

(あしはらのなかつくに)

日本国のこと。高天原と黄泉の国との間にあることから、「中国」と呼ばれます。ここに居住する神々を「国つ神」と呼びます。オオクニヌシが国づくり(→P71)を完成させた場所でもあります。

※別名、豊葦原瑞穂国(とよあしはらみずほのくに)。葦が原っぱのように茂っていて、稲穂が実っている様子を表現しているといわれます。

黄泉の国

〈下の世界〉

(よみのくに・よもつくに)

死後の世界。イザナミが亡くなった後、イザナギがおもむいたとされる場所(→P68)。

※葦原中国とつながっているとされますが、この国の場所や状態については多くが語られていません。

ここだけつかめば、大丈夫！『古事記』の中心となる6つの物語

ここまで、『古事記』を代表する6柱の神様と、その神様が活躍した3つの世界をお伝えしてきました。

イザナギ、アマテラス、スサノオといった神々が、「高天原《たかまのはら》」「葦原中国《あしはらのなかつくに》」「黄泉《よみ》の国」といった壮大な舞台で活躍する――それが『古事記』です。

その大舞台で、私たち人間世界にも起きるようなことが、次から次へと繰り広げられていきます。

「神様が仕事をする」「神様が子どもを誕生させる」「神様が結婚する」「神様同士がいがみあう」「神様が嘆く」などなど。これらが時代と空間をダイナミックに移動しながら、一つの物語となって展開していくというわけです。

ただ、物語のスピードが速いため、初めからすべてを読んでいこうとすると骨が折れるのも事実。難しいと感じる人も少なくありません。

そのため、ここでは『古事記』を読む（＝神様の世界を知る）上で中心となる6つのストーリーをコンパクトにまとめてみました。まずは全体の流れをイメージとしてとらえてみましょう。

中心となるストーリー

1

「国生み・神生み」

『古事記』で12番目に登場される神様・イザナギと、妻・イザナミは、「この漂える国を修理固成《しゅうりこせい》せよ」との命令を受け、日本の国々や島々を誕生させます。そして次々と神様を生んでいくことになります。

まず、二神が誕生させたのは、日本の国土。淡路島などを始めとする、大八嶋国《おおやしまぐに》。その後、たくさんの神様を誕生させます。海の神様、湊《みなと》の神様、風の神様、木の神様、山の神様、野原の神様と森羅万象の神々が続々と生まれ出ていくのです。

しかしながらイザナミは、火の神様・カグツチを生んだときに火傷を負い、そのケガがもとで亡くなります。

そして妻・イザナミの死を悲しんだ夫・イザナギは「黄泉の国」まで妻を追いかけて行くことになるのです。

修理固成
国や社会をつくり上げること。当時の世界は、「ただよへる」(漂える)状態だったとされる。

Q どういう風に国土や神様を生んだの？

A 天の浮橋に立って矛を使い、海をかき混ぜました。すると、矛先から滴り落ちた海水が固まり、島(オノゴロ島)となりました。その島に降り立ったイザナギ・イザナミがまぐわひをして生んだとされています。

Q イザナギ、イザナミが最初の神様ではないの？

A 一番初めはアメノミナカヌシ、次にタカミムスヒ、カミムスヒの二柱が続きます。イザナギ、イザナミが現れるまでさまざまな神様が登場しますが、具体的なことは記されていません。

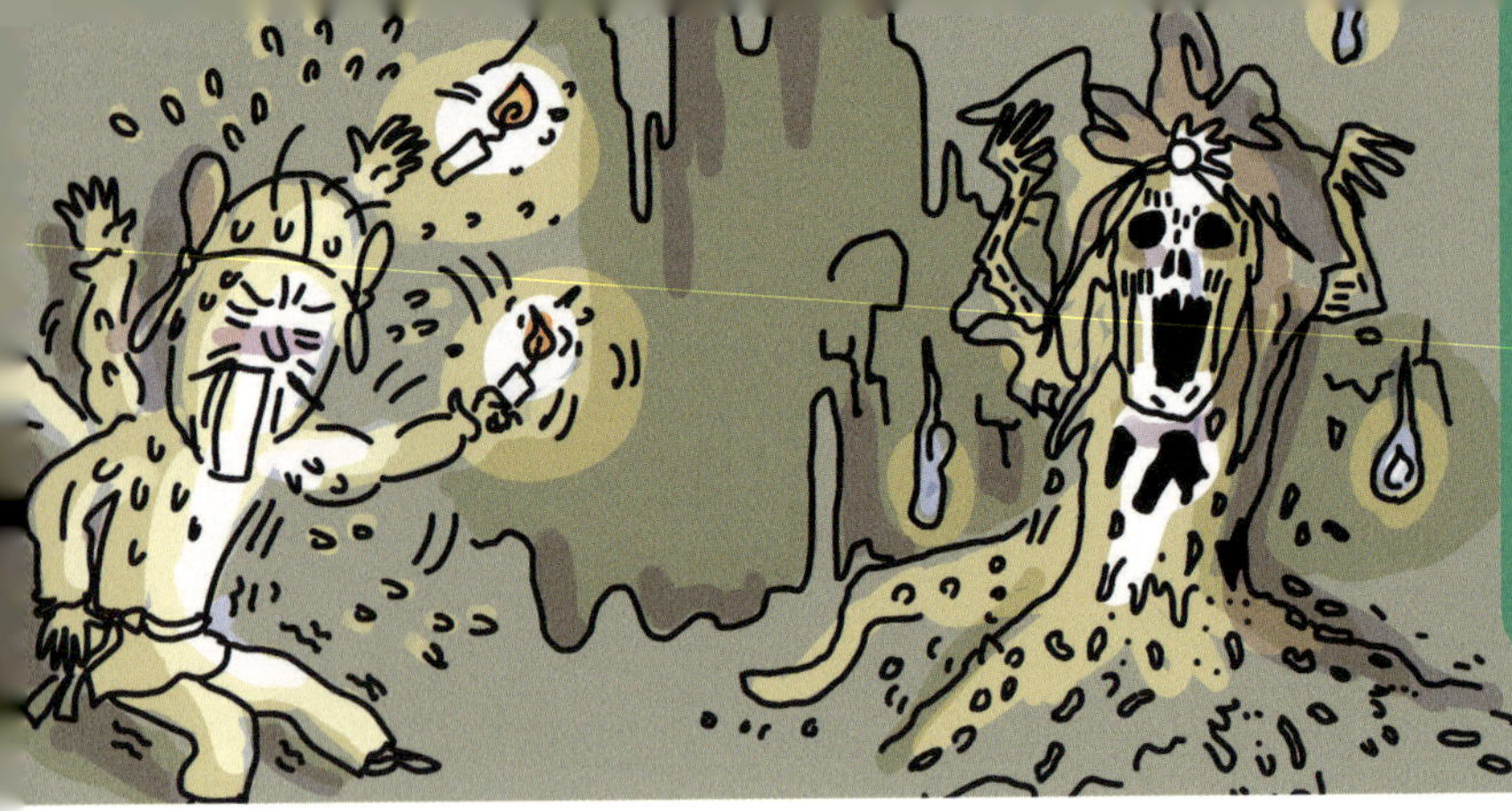

中心となるストーリー 2

「黄泉の国」

亡くなった妻・イザナミを連れ戻そうと、死者の国である黄泉の国へと入ったイザナギ。

夫・イザナギが連れ戻しにきたことを知ったイザナミは、「黄泉の国の神々に相談してみますが、私の姿を見ないでください」と言い残し去っていきます。

ところがなかなか帰ってこない妻にしびれを切らしたイザナギは、約束を破って姿を見てしまうのです。

醜く腐ってしまったイザナミの姿。驚いたイザナギは逃げますが、イザナミは自分の恥ずかしい姿を見られ、追っ手を向かわせます。

怒ったイザナミが「あなたの国の人を一日千人殺そう」と言うと、イザナギは、「私は一日に千五百人、生もう」と返し、ほうほうの体で葦原中国へと逃げ帰るのです。

私の姿を見ないで

「見ないで」と言われたにもかかわらず、つい、のぞいてしまう……。このモチーフは世界の神話に数多く見受けられます。

『古事記』では、このほか、トヨタマビメが出産のとき、夫であるホオリに「見ないで」と頼んだにもかかわらず、産屋をのぞき見された話（P63）も有名です。

昔話の『鶴の恩返し』もそうですが、「やってはいけない！」と頭ではわかっていても、ついついやってしまう。現代の私たちにも思いあたるテーマかもしれません。

中心となるストーリー 3

「イザナギの禊ぎと三貴子の誕生」

イザナギは、妻・イザナミを追いかけていった死者の国から戻ってきました。そこで、「私はとても汚く穢《けが》れた醜い国へ行ってしまった」と言い、自らの穢れを祓うために阿波岐原《あはぎはら》（現在の宮崎県）という場所で禊祓えをし、禍事、罪穢れを祓います。するとそこから、さまざまな神様が生まれ出てきました。

最後に生まれたのは、最も尊い神様といわれる三貴子。彼らに「高天原」（アマテラス）、「夜の国」（ツクヨミ）、「海原」（スサノオ）の統治を委任するのでした。

こうしてイザナギ＆イザナミの時代から三貴子が活躍する時代へと移ります。

禊祓え
みそぎはらえ。身についてしまった禍事や、罪穢れを祓うこと。

禍事
まがごと。曲がっていること、悪いことを指す言葉。ただ、神道では「絶対的な悪」は想定されておらず、「真っ直ぐ」や「本来の姿」と対比される言葉とされています。

罪穢れ
つみけがれ。汚れて悪くなっている状態。「清浄」と反対の概念としてとらえられます。最近では、「ケ＝気」が「カレ＝枯れ」た状態といわれることも。

中心となるストーリー

4 「天の岩戸」

「海原」を統治する役割のスサノオが、持ち場を離れてアマテラスが統治する「高天原」にやってきますが、その意図をいぶかしんだアマテラスは儀式を行い、スサノオの心を図ろうとします。

ところが「うけひ」と呼ばれる儀式で潔白が証明されたスサノオは、乱暴の限りをつくすように。弟のあまりの横暴さにアマテラスは岩戸にこもり、高天原は闇に包まれてしまいます。

そこで、知恵の神（オモイカネ）、祝詞の神様（アメノコヤネ）、芸能の神様（アメノウズメ）といった高天原の神々がそれぞれの働きをし、アマテラスを岩戸から出すことに成功します（これが「天の岩戸開き」です）。

この問題のきっかけを作ったスサノオは高天原を追放され、出雲の地に降り立ちますが、その後、生まれ変わったかのような働きを次々とし始めるのです。

うけひ
吉凶、成否、勝負など、神様の意志や意図を伺う儀式のこと。岩戸神話においては、「スサノオはどういう心か?」が問われました。まず、当事者であるアマテラスとスサノオとが互いの持ち物を交換。そこに息吹を吐いて神様をお生みになりますが、その結果から神意を伺いました。

スサノオの働き
高天原から追放されたスサノオは、クシナダヒメをパートナーとして、人々を苦しめていた怪物・ヤマタノオロチを退治します。そして、その体内から草薙の剣（現代に伝わる神器）を取り出し、アマテラスに献上します。

中心となるストーリー 5

「オオクニヌシの国づくり」

『古事記』はいきなり時代が飛んでしまうシーンがあります。前ページの「天の岩戸」から「オオクニヌシの国づくり」はまさにその代表格。

高天原を追放され、生まれ変わったかのような働きを始めたスサノオは、須賀（現在の島根県）の地に鎮座します。

その後、スサノオの6代後のオオクニヌシが突如、『古事記』に登場し、兄・八十神の嫉妬によって殺されかけたり、パートナーであるスクナヒコナが国づくりの途中で去ってしまったりと、数多くの試練に直面。ときには嘆きながらも周囲のサポートを得て、試練を乗り越えていくオオクニヌシの力強い姿が描かれます。

また、数々の女性と関係を持つ姿や、嫉妬した女神様とのやりとりが赤裸々に描かれてもいて、どこか人間らしさが表現されています。

また、日本初となる和歌を詠むなど、武力と知恵の両面に長けた姿が神話には描かれています。

オオクニヌシの試練
他に有名なシーンとしては、スサノオが課すさまざまな試練を、スセリビメ（のちの妻）の助けを得ながら乗り越えるシーンがあります。スサノオは6代前の祖先にあたるのですが、物語では根の国の主として登場しています。
兄・八十神のいじめにあったオオクニヌシが根の国に逃げてきて、そこでスサノオに鍛えられ、一人前になっていくというストーリーです。

中心となるストーリー

6「天孫降臨」

オオクニヌシは数々の困難を乗り越え、国づくりを成し遂げます。

一方で、高天原の主宰神・アマテラスは、「葦原中国（＝オオクニヌシが国づくりをした国）は私の子ども（第一子・オシホミミ）が統治する国である」との意図から、オオクニヌシに使者を遣わし、国ゆずりを迫ります。

最初の使者は3年、次の使者は8年かかりましたが、交渉は不成立。

そこで、3度目の使者としてタケミカヅチをオオクニヌシに派遣し、強硬に迫ります。タケミカヅチは、まずはオオクニヌシの子・コトシロヌシを承諾させ、最後まで異を唱えたタケミナカタもついには屈服させ、国ゆずりを成功させます。

本来であれば、ここでオシホミミが葦原中国へ降臨する予定でしたが、交渉であまりにも長い時間が経っていたため、アマテラスの孫、**ニニギを高天原から降臨**させました。

ニニギの降臨
『古事記』では高千穂に降臨されたと伝わっています。

Q その後、オオクニヌシはどうなったの？

A 「国を手放す代わりに、自分を祀る立派な社を創建してほしい」と頼んだオオクニヌシ。それが現在の出雲大社といわれており、オオクニヌシは幽界をつかさどる神様として現在でも活躍されています。

こんな風にイメージで『古事記』をつかんでいけばいいんですね？

そう。まずは**全体の流れをつかむ**といいですよ。そして、流れがなんとなくわかってきたら、ちょっとずつ**物語を関連づけていく**感じです。

物語を関連づける？

たとえば、「天孫降臨」のイメージがなんとなくつかめたとしますよね。そうしたら、その次は「天孫降臨」にかかわった神様のことをちょっとずつ知っていく。すると、「天孫降臨」のイメージがどんどん膨らんでいくんです。

最初から全部を知ろうとしない、ってことですね。

そうです。受験勉強だって教科書を全部覚えようとしませんよね。すべてをやろうとすると、結果的に何も得られなくなってしまいがちなんですよ。

「まずはこれだけ知ればいい」と言われると、逆に他が知りたくなるかも（笑）。

「見ないで」と言われると見たくなるのと同じですね（笑）。でも、あれもこれもしたい気持ちはおさえて、まずはこの**「6柱の神様」「3つの世界」「6つの物語」だけをイメージする**ことに集中してみてくださいね。

コラム

ご朱印って何ですか？

友だちがご朱印帳を持って、あちこち
参拝をしているんです。私も集めようかな。

集める（苦笑）！
ご朱印を集めるために神社参拝に行くというのは
本末転倒ですよ。まずは、きちんと参拝をすること。
そして、その参拝の証としてありがたくご朱印を
いただくことが大事なんです。

観光地のスタンプラリーとは、違うんですね。

そう、そこは必ず押さえておきたい！
神様のご神徳が分けられたものとしてとらえてほしいんです。

今さらですけど、そもそもご朱印って何ですか？

神社や寺院に参拝・参詣したとき、その証として
いただけるハンコ（印影）のようなものです。

ご朱印はどうやったら、いただけるんですか？

神社を参拝した後、社務所で拝受するのが一般的です。
ご朱印帳のページを開いて、窓口の方に渡しましょう。
通常、参拝した日や神社のお名前が記されます。神社によっては
数種類のご朱印があって、選べる場合もあるんですよ。
また、初穂料としていくらかお納めするのが礼儀です。

ご朱印帳は、どこで手に入れるんですか？

神社の社務所で求めることもできますし、
大きな文具店や書店でも買えますよ。

今、ブームなんですよね！

最近は、さまざまなデザインのものが出てきたし、
工夫をこらしたご朱印をいただける
神社も増えてきているんです。
見比べてみるのも楽しいですよ。

3章

日本の神様図鑑

「6柱」以外の神様も、たくさんおられます

ここまで、『古事記』に登場される代表的な「6柱の神様」「3つの世界」「6つの物語」についてお伝えしてきました。

6柱の神様は、いずれも、「登場する回数が多い神様」「他の神様とつながりが多い神様」「有名なストーリーに関わる神様」ばかり。これらの神様を知るだけで『古事記』の全体像がイメージしやすくなると思います。

ただ、他にも数多くの神様が登場されている『古事記』。6柱の神々以外に、一体どれくらいの神様が登場されているか想像できますか？

数え方にもよりますが、300柱以上といわれています。「八百万の神がましますすす国」といわれるだけあって、膨大な数の神様が登場されますね。

この章では、みなさんが参拝した神社の神様を通じて、『古事記』の物語を膨らませていく方法をお伝えします。

具体的には、ここまで、「『古事記』の中心となる6柱の神様」「3つの世界」「『古

神様が成る
『古事記』には、神様がお生まれになるシーンで「成る」と「生む」の表現があります。アメノミナカヌシからイザナギに至るまでは、すべて「成る」神様として表現されています。

『古事記』の終わり
『古事記』は三巻からなり、神代の世界を扱っているのが上巻です。尚、『古事記』中巻&下巻は、神武天皇から第三十三代の推古天皇までの事績がまとめられています。

事記』の代表的な6つの物語」をお伝えしてきましたが、そこに、みなさんが参拝した神社の神様を関連づけていくのです。

すると、「日本の神様の世界」をより深く知ることができるようになります。

次のページから、左のような流れで進んでいきます。専門的な知識はいりませんので、気軽に読み進めていってくださいね。

STEP 1
参拝した神社のご祭神を調べてみる

↓

STEP 2
参拝した神社のご祭神と「6柱の神様」との関係を調べてみる

↓

STEP 3
参拝した神社のご祭神と「6柱の神様」とがつながらないなどさまざまなケースを知る

↓

どんどんと「日本の神様の知識」が増えていく

1〜3のステップを繰り返していくと、「もしかして、『古事記』が読めるかも！」という気になってくるかもしれません。

300柱以上
一柱で多くのご神名を持つ神様、細かなご神名が変わる神様（例：イザナギ→イザナギ大神）などがあり、数え方もまちまちです。

STEP 1

参拝した神社のご祭神を調べてみる

みなさんは神社を参拝する際、ご祭神を意識したことがありますか？

ご祭神とは、その神社にお祀りされている神様のこと。一柱の神社もあれば、二柱、三柱と複数の神様をお祀りされている神社もあります。

まずは神社を参拝したら、その神社のご祭神を以下の方法で調べてみましょう。

1　神社にある立札を見る

2　インターネットで神社名を検索し、調べる

この方法でほとんどの神社のご祭神は調べられるはずです。

ご祭神がわかったら、由緒書きを読んでみましょう。由緒書きはその神社が創建されるに至った経緯や歴史、「ご祭神の神様が具体的にどのようなことをされたか？」「どのような功徳が得られる神様か？」などが書かれているものです。

さらに、神様のお名前をたどってみると、

1　男性神か、女性神か？

2　どの神様からお生まれになったか？

3　どのような子どもをお生みになったか？

神社にある立札
ほとんどの神社で、鳥居や社殿の近くに立札があります。神社にお祀りされているご祭神、神社の由来、所蔵されている宝物の情報などがコンパクトにまとまっています。

4　どの神様と結婚されたか？
5　どのような働きの神様か？（太陽の神様、風の神様、火の神様など）
6　他にお祀りされている神社は？

などという情報が簡単に調べられます。とはいえ、すべてを知ろうとする必要はありません。「今、知りたい」と思うところだけ、読んでみてください。

ご祭神を知ると、「あ、女性の神様だからこのような穏やかな空気なのかも」「商売繁盛の神様として知られているのは、こうした由来があるからかな」といった気づきが生まれることもあるでしょう。

それが、神社参拝をますます実り豊かなものにしてくれるのです。

誰が住んでいるのかわからない家を訪ねたりしませんよね。神社も一緒です。
どちらさまですか？
は？

由緒書き
神社の歴史や由来などを記した文書。紙に印刷したものをいただける神社も多くあります。由緒書きをいただくには、以下の3パターンがあります。
①神社に「ご自由にお取りください」と置いてある。
②神社でご朱印をお願いすると、無料でいただける。
③初穂料（100円程度）を納め、いただく。

STEP 2

神社のご祭神と「6柱の神様」との関係を調べてみる

参拝した神社のご祭神を調べていくと、「6柱の神様」とのつながりが見えてくることがあります。

たとえば、参拝した神社の由緒書きを見ると、「イザナギから生まれた神様」「オオクニヌシの奥様」などと書かれていたりします。

『古事記』の中で数多く登場され、他の神々との関係性がわかりやすい神様――「6柱の神様」はそんな視点で紹介しているので、みなさんが参拝した神社のご祭神と「6柱の神様」とに何か関係があっても不思議はないのです。

神様と神様との関係性は「夫婦」「親子」「パートナー」など、さまざまなパターンがあります。たとえば、オオクニヌシを見てみましょう。

「夫婦」スセリビメはオオクニヌシの奥様
「親子」タケミナカタはオオクニヌシの息子
「パートナー」スクナヒコナはオオクニヌシの国づくりのパートナー
「交渉相手」タケミカヅチはオオクニヌシの国ゆずりの交渉相手

こうした関係性をひとつでも多く知っていくこと、それが日本の神様の世界（つまり、『古事記』）に慣れていく助けとなります。少しずつ知識が増えていくと、日本の神様の世界はどんどんとつながりを持ち始め、それに従ってどんどんと興味が湧いてくるでしょう。

次のページから、みなさんが参拝した神社の神様と、「6柱の神様」とのつながりのつくり方をお伝えしていきますね。神社参拝に新たな目的が加わり、今よりもっと楽しくなりますよ。

交渉相手

タケミカヅチ

オオクニヌシに国ゆずりを迫った神様。コトシロヌシ、タケミナカタを屈服させ、国ゆずりを成し遂げた。

子

タケミナカタ

オオクニヌシの子ども。国ゆずり交渉で最後までタケミカヅチと戦った。諏訪大社（長野県）のご祭神。

オオクニヌシ

妻

スセリビメ

オオクニヌシの正妻で、スサノオの娘。オオクニヌシを助け、試練から救った。

パートナー

スクナヒコナ

オオクニヌシの国づくりを支えたパートナー。二神で、農耕や医療を始めた。

実例 1

愛宕《あたご》神社

仮に全国に900社あるといわれる、愛宕神社を参拝したとしましょう。

神社の入り口に立っている立札を見ると、ご祭神は「カグツチ」とあります。そして、社務所でいただいた由緒書きを読むと、「火の神様」と書いてあり、そこから転じて、「〝火伏せの神様〟として不慮の火が起こらないようにとお祀りされている」とも書かれています。

さらに、もっと調べてみると
「神生みにおいてイザナギとイザナミの間に生まれた神である。火の神であったために、出産時にイザナミの陰部に火傷ができ、これがもとでイザナミは死んでしまう。その後、怒ったイザナギに十拳剣「天之尾羽張（アメノオハバリ）」で殺された」

と出てきたりもします。

つまり、愛宕神社のご祭神「カグツチ」は

1 神生みにおいて、イザナギとイザナミとの間に生まれた神様

2 母であるイザナミの陰部に火傷を負わせてしまい、亡くなる原因をつくった神様

愛宕神社
総本社は京都府京都市。火伏せ、防火に霊験のある神様として知られています。「愛宕さん」とも呼ばれ、子どものうちに参拝をすると火事にあわないという信仰もあります。

火伏せ
火災、及び火から生じる災いを防ぐこと。

3 父であるイザナギに殺された神様

ということがわかります。

これで、「6柱の神様」と「カグツチ」の神様との間に1つのつながりができました。

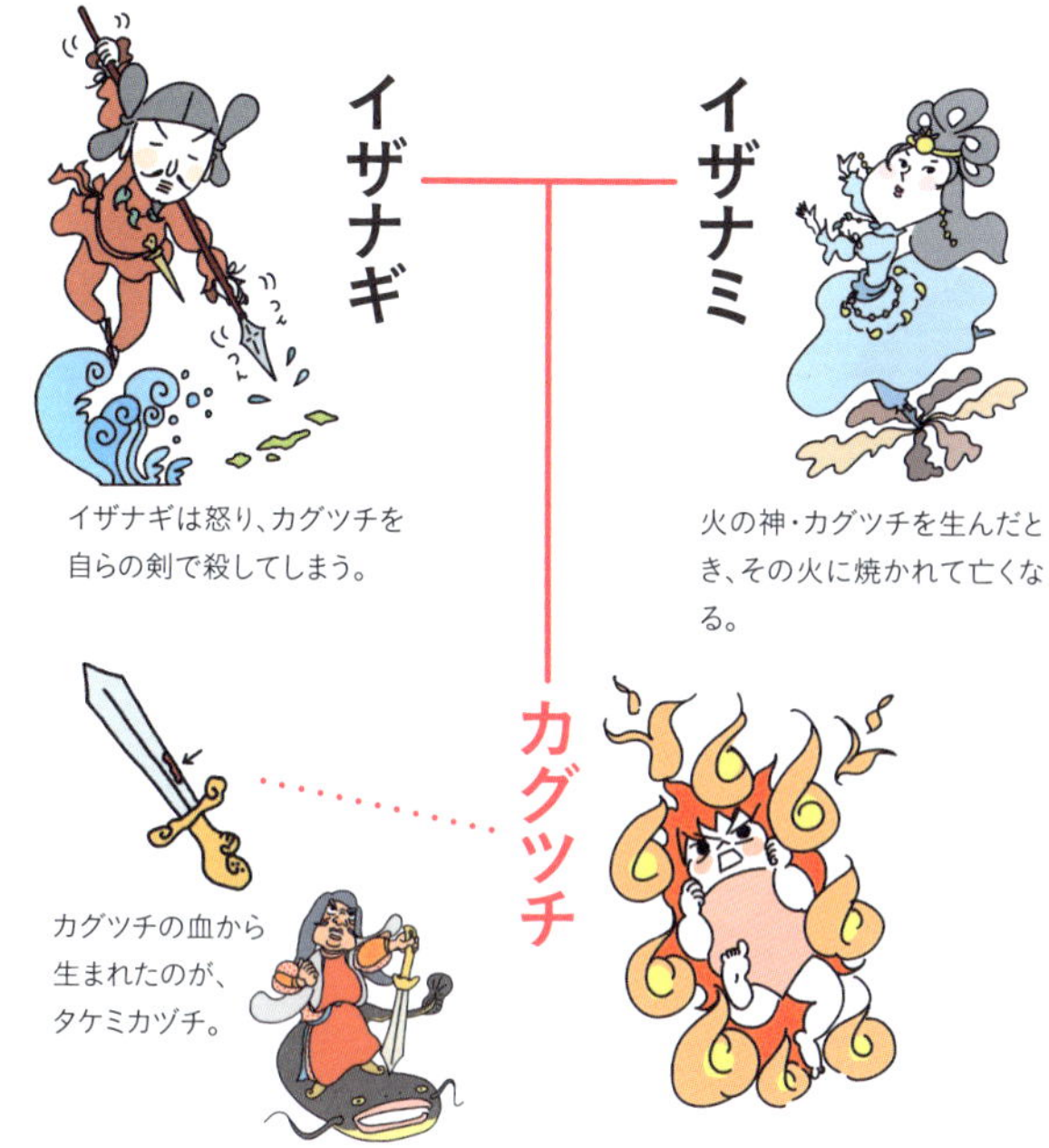

イザナミ
イザナギ
カグツチ
火の神・カグツチを生んだとき、その火に焼かれて亡くなる。
イザナギは怒り、カグツチを自らの剣で殺してしまう。
カグツチの血から生まれたのが、タケミカヅチ。

いやぁ、なかなかハードな話ですね
ここはね、「イザナギが本当に切ろうとしていたのは何か？」と想像しながら読むのがおもしろいんですよ。ふふふ。

父であるイザナギに殺された神様 イザナギは妻・イザナミが亡くなる原因となったカグツチを斬ったとされています。物語をそのまま読むとちょっと理解に苦しむ部分です。「イザナギが本当に切ろうとしていたのは何か？」といった視点で読んでみると、新たな気づきが生まれるかもしれません。イザナギが本当に切ろうとしたのは、カグツチではなく「自分の心の穢れ」だったという解釈もあります。

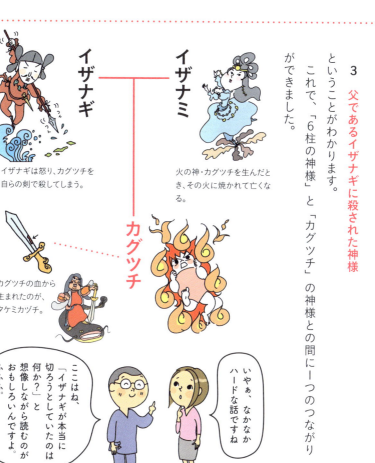

実例 2

鹿島神宮

東国三社の一社である、鹿島神宮の神様はどうでしょう。

神社でいただいた由緒書きから、ご祭神は「タケミカヅチ」であることがわかります。また、インターネットで検索してみてください。「雷の神」「剣の神」という記述が見られます。「武道や闘いの神様」という情報もあるでしょう。

さらに、

「神生みにおいて、イザナギが火の神・カグツチの首を切り落とした際、十拳剣〝天之尾羽張（アメノオハバリ）〟の根元についた血が岩に飛び散って生まれた三柱の一柱」

「アマテラスの意を受けて高天原から降臨。出雲の地に降り立ち、オオクニヌシと国ゆずりの交渉を行う」

「オオクニヌシの子であるタケミナカタはタケミカヅチに力比べを持ちかけたが、手づかみの試合でひとひねりにされて恐縮して遁走し、ここに国ゆずりがなった」

東国三社
鹿島神宮、香取神宮、息栖神社の総称。江戸時代には、関東以北の人々がこの三社を参拝する慣習があったといわれている。

鹿島神宮
茨城県鹿島市。常陸の国・一宮。鹿島神社の総本社。古くは、『風土記』に鎮座が確認される東国で唯一の神社。巨大な直刀が、国宝として指定されている。

などともあります。

つまり、鹿島神宮のご祭神「タケミカヅチ」は

1　カグツチを切り落としたイザナギの剣から誕生した神様

2　アマテラスの意向を受けて、オオクニヌシと国ゆずりの交渉をした神様

3　オオクニヌシの子であるタケミナカタと戦い勝利を収め、国ゆずりを実現させた神様

であり、前のページで調べた「カグツチ」ともゆかりが深い神様だということがわかります。

このように神社の由緒書きを見るだけでも、6柱の神様を中心として、神様たちの情報が増えていくというわけです。

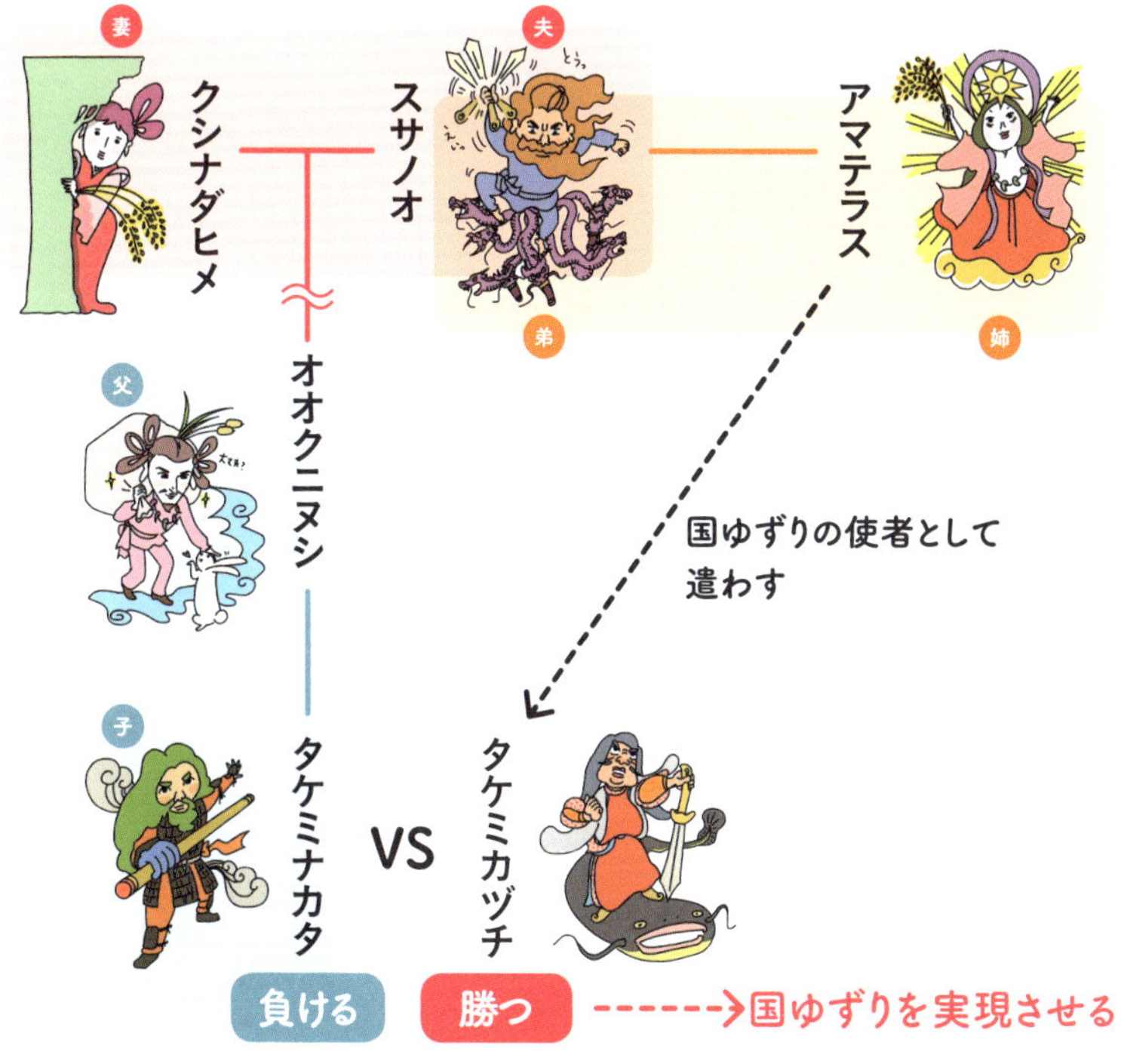

実例 3

猿田彦神社

猿田彦神社も各地にありますが、その立札を見ると、「サルタヒコ」がご祭神ということがわかります。この場合は神様のご神名そのものが神社の名前になっているということです。

そこでインターネットで神様の名前を検索してみると「道開きの神様」というキーワードが簡単に見つかるでしょう。しかしなぜ、道開きなんでしょうね？　この段階ではまだわかりません。

もう少し調べてみると、「背が高く鼻も長く、目が鏡のように赤く照り輝いている神」「天狗の原型ともいわれている」といった情報に行きつくかもしれません。だいぶ、見た目が奇異な神様だったようですね。

さらに調べていくと、「天孫降臨の際に、ニニギを道案内した国つ神」と紹介されているかもしれません。

ここで、Ｐ60〜でご紹介したニニギと結びつきます。

猿田彦神社
三重県伊勢市の猿田彦神社を本宮とする。道開き、交通安全、方位除けの神社として知られる。

国つ神
オオクニヌシなど天孫降臨の前から日本国土にいらっしゃった神様。天つ神（高天原の神様）と対をなす神様。

中には、「あ、道案内をした神様だから『道開きの神様』といわれるのかな？」と思いつく方もいるでしょう。

そう。「商売繁盛」や「恋愛成就」など神様のご神徳の多くは、『古事記』の話がベースになっていることがめずらしくありません。

つまり、神話を読むようになっていくと「神様のご神徳」が次々とイメージできるようにもなっていくのです。

ということで、サルタヒコは

1 アマテラスの意向を受けたニニギが天孫降臨してきた
2 その際に国つ神を代表してニニギの一行をご案内した
3 そのときに、アメノウズメとやりとりをし、その後、二柱は結ばれた

というような神様です。

さらに余裕があれば、「ニニギが天孫降臨のときに一緒にいらっしゃった他の神様は？」だとか、「アメノウズメと結婚したあと、サルタヒコはどうなったのか？」などを調べていくと、どんどん神様への理解が増していきます。

高天原から降臨
ニニギ

葦原中国を道案内
サルタヒコ

サルタヒコはどうなった
伊勢で貝に手をはさまれて溺れたと記されています。

STEP 3

「6柱の神様」と関係がつながらない神様はどうするの？

神社参拝をした神様の知識を増やしていくうちに、疑問が出てくるケースがあります。

Q 参拝した神社の神様を調べてみましたが、どうやっても「6柱の神様」とのつながりがわかりません。なぜですか？

A ご祭神には大きく分けて次の3つのタイプがあり、その特徴に理由があります。

Ⅰ 『古事記』以外の神話に出てくる神様

日本を代表する神話は『古事記』ですが、それ以外に『日本書紀』『風土記』などさまざまなものがあります。『古事記』と他の神話との間には、物語の統一性がないことも多く、『古事記』以外の神話に登場する神様の場合、「6柱」とのつながりがないこともあります。

「日本書紀」
720年に編纂された歴史書。舎人親王（天武天皇の皇子）が完成させたといわれている。『古事記』が和漢混交文なのに対して、『日本書紀』は漢文で書かれており、中国の文献から多くの引用が含まれている。

2　その土地の神様

神社のある土地を守護されている神様もいます。ただ、神話には登場しないことがほとんどなので、「6柱の神様」とのつながりが見えません。寒川神社（神奈川県）の寒川大神、阿蘇神社（熊本県）の阿蘇都比咩命《あそつひめのみこと》などのように大きな規模の神社でも、その土地の神様をお祀りしているケースはよくあります。

3　人間として活躍していた神様

人間として活躍され、後にお祀りされた神様です。太宰府天満宮（福岡県）の菅原道真、日光東照宮（栃木県）の徳川家康などが有名です。東郷神社（東京都）の東郷平八郎、乃木神社（東京都）の乃木希典など近代日本に大きな役割を果たした偉人もおられます。

この中でも、**2**や**3**のご祭神は神話に登場しないので、ますます、「6柱の神様」とのつながりが見えにくいかもしれません。「すべての神様が6柱の神様とつながるのではない」と意識しておくといいでしょう。

ついでよくあるのが、こちらの質問（P90）です。

『風土記』
奈良時代、国内で各国の風土や伝承などを編纂した書物に与えられた総称。出雲、播磨、常陸、豊後、肥前の五つの風土記のみが現在まで伝わっている。

寒川神社
神奈川県高座郡寒川町。相模国の一宮（神奈川県で第一の地位を占めた神社）。北条氏、武田氏、徳川氏らの崇敬を受けた。方位・家相・厄除けの八方除守護神。

阿蘇神社
熊本県阿蘇郡一の宮町。神武天皇の孫・健磐竜命と、その妃で土地神の阿蘇都比咩命を祀ったのに始まる。阿蘇古代神楽が有名。

東郷平八郎
1847〜1934年、日露戦争においてロシアの無敵艦隊をやぶった連合艦隊司令長。

乃木希典
1849〜1912年、日露戦争において旅順攻略に活躍した軍人。昭和天皇の教育係としても知られる。

「6柱の神様」に似た名前の神様がいるのはなぜ？

Q 参拝した神社の神様を調べているうちに、神様の名前は一つではなく、いろいろな表現方法があると知りました。なぜですか？

A いろいろな名前がある理由は2つあります。

まず、「神話によってご神名の表記が違うため」です。例えば、6柱の神様はこのような違いがあります。

・イザナギ……伊邪那岐命、伊邪那岐神（古事記）
伊弉諾尊、伊弉諾神（日本書紀）

・アマテラス……天照大御神、天照大神、日神（古事記）
天照大神、大日靈貴、天照大日靈尊、日神（日本書紀）

・スサノオ……建速須佐之男命、速須佐之男命、須佐能男命（古事記）
素戔嗚尊、神素戔嗚尊、速素戔嗚尊、武素戔嗚尊（日本書紀）

天照大神、日神（古事記）
「天照大神」「日神」は『古事記』中巻にでてくる「アマテラス」の呼称。

神話によって、また同一の物語でも文脈によって、ご神名は変わってきます。

もう一つは「『古事記』の中でいくつもの名前が出てくる神様がいるため」です。

代表的な神様は「オオクニヌシ」で、「大國主神」「大穴牟遅神」「葦原色許男神」「八千矛神」「宇都志國玉神」。これらすべてが「オオクニヌシ」です。

また、「海幸彦・山幸彦物語」で登場する「ホオリ」には、4つのご神名があります。

ちなみにこの神様は、別名である「山幸彦」の方がよく知られているかもしれませんね。

ただ、こういう神様はとても少ないので、同一の神様であっても複数の名がある神様がいるとだけ、知っておけばいいでしょう。

この他、神話によって神様のご神名表記が大きく違ってくる神様もいます。たとえばシオツチは『古事記』では「塩土神」ですが、『日本書紀』では「事勝国勝長狭神」とも表現されます。

こんな風に、「参拝した神社の神様は知らない神様だった」と思っていても、調べてみると、「よくお参りしていた神様の、別のお名前だった」ということがあるかもしれませんね。

ホオリの4つのご神名
「火遠理命」「天津日高日子穂々手見命」「山佐知毘古」「虚空津日高日子」

多く存在する神社のご祭神と「6柱の神様」との関係性を知る

ここまで「6柱の神様」と参拝した神社の神様とを結びつけながら、『古事記』の知識を増やしていく方法をお伝えしました。実際に参拝した神社の神様から理解を深めていくので、興味もわくし、覚えやすいでしょう。

さて、ここからは、「稲荷神社」「八幡神社」など、日本でも数多くお祀りされている神社のご祭神と「6柱の神様」との関係性を見ていきます。

全国の著名神社ランキング

1位	八幡信仰
2位	伊勢信仰
3位	天神信仰
4位	稲荷信仰
5位	熊野信仰
6位	諏訪信仰
7位	祇園信仰
8位	白山信仰
9位	日吉信仰
10位	春日信仰

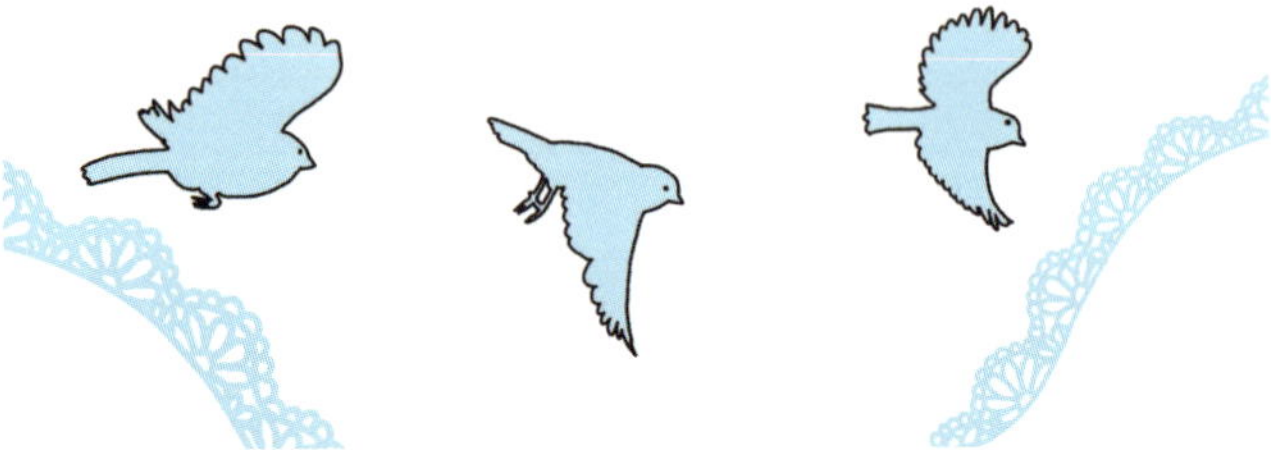

1位 八幡信仰（ご祭神：ホンダワケ【ニニギノミコトの18代後の子孫】）

宇佐八幡宮（大分県）が総本社。八幡神社のご祭神はホンダワケ、応神天皇（第十五代天皇）と同一とされています。「6柱の神様」のニニギの3代後が、初代・神武天皇。そこから、15代後が応神天皇となります。

ご神徳　武運長久・勝利祈願・出世開運・子育大願

2位 伊勢信仰（ご祭神：アマテラス【6柱の神様】）

伊勢神宮（三重県）が総本社。日本の総氏神でもあります。こちらには、アマテラスがお祀りされています。

ご神徳　国家安寧

3位 天神信仰（ご祭神：菅原道真【人間として活躍されていた神様】）

太宰府天満宮（福岡県）が総本社。平安時代に政治家・学者として活躍するも、左遷されて不遇な生涯を終えたといわれる菅原道真がお祀りされています。

ご神徳　学業成就・芸事上達・五穀豊穣

4位 稲荷信仰（ご祭神：ウカノミタマ【スサノオの子】）

伏見稲荷大社（京都府）が総本社。稲を背負う人をイメージした神社ともいわれ、

武運長久
「武運長久」とは、武（戦い）運（文字通り、運）長久（長く、久しいこと）という意味。戦国時代の武将が神社にこの誓いを立てたといわれる。

菅原道真
845～903年。宇多天皇に重用され、右大臣にまでなったが謀略のため太宰府に流された。死去後、数々の天変地異が起きて道真の祟りとされた。

お金や商売に功徳があるとされています。『古事記』では「6柱の神様」のスサノオの子どもが、ウカノミタマと記述されています。

ご神徳　商売繁盛・学業成就

5位　熊野信仰（ご祭神：イザナギ、イザナミ、アマテラスなど【6柱の神様】）

古代より神秘的な聖地とされた熊野三山（熊野《くまの》本宮大社《ほんぐうたいしゃ》、熊野《くまの》速玉大社《はやたまたいしゃ》、熊野《くまの》那《な》智《ち》大社《たいしゃ》）に対する信仰。古くから仏教と習合し、6柱以外にも数多くの神を祀り、独自の信仰をつくってきました。

ご神徳　過去世の救済・現世利益

6位　諏訪信仰（ご祭神：タケミナカタ【オオクニヌシの子】）

諏訪大社(長野県)が総本社。天孫降臨の際にアマテラスの命を受けて交渉にやってきたタケミカヅチと最後の最後まで戦ったタケミナカタがお祀りされています。この神様は、オオクニヌシの息子とされています。

ご神徳　武運長久

7位　祇園信仰（ご祭神：牛頭天王【スサノオ】）

八坂神社（京都府）が総本社。牛頭天王《ごずてんのう》に対する信仰。牛頭天王は、元々は仏教

習合
いくつかの信仰の神々や教えが同一視、混在されること。日本の神道が、外来の仏教と習合したことを神仏習合という。

牛頭天王
日本の神仏習合の神。祇園精舎（釈迦が説法を行った場所）の守護神とされている。

的な陰陽道の神で、スサノオと習合したといわれています。

ご神徳 疫病退散

8位 白山信仰（ご祭神：ククリヒメ【イザナギとイザナミの争いを仲裁】）

白山比咩神社（石川県）が総本社。ご祭神のククリヒメは、黄泉の国の段においてイザナギとイザナミの争いを仲裁した神様といわれています。

ご神徳 縁結び

9位 日吉信仰（ご祭神：オオナムジ【オオクニヌシの別名】、オオヤマクイ【スサノオの孫】）

日吉大社（滋賀県）が総本社。山王信仰とも呼ばれます。オオナムジはオオクニヌシの別称。オオヤマクイは「山に打つ杭」の意味とされています。

ご神徳 方除け・厄除け

10位 春日信仰（ご祭神：タケミカヅチ、アメノコヤネ【アマテラスの岩戸神話で活躍】）

春日大社（奈良県）が総本社。藤原（中臣）氏の氏神を祀るために創建された神社で、全国に約1000社あるといわれています。

ご神徳 武運長久・災難除け

ククリヒメ

ククリヒメは『古事記』には登場されず、『日本書紀』に登場。

※『古事記』には登場されない神様については、コラム（P121、122）を。

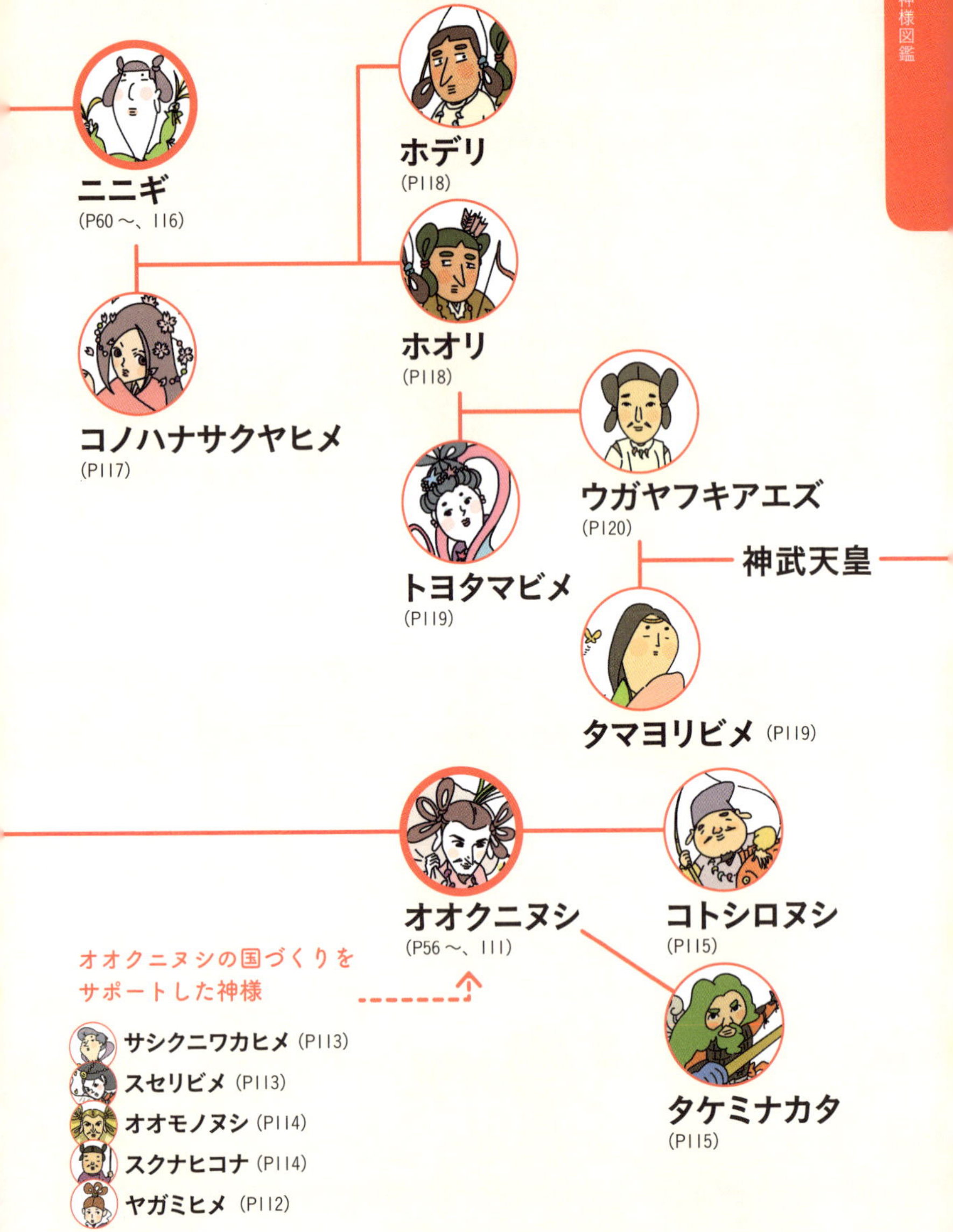
ニニギ
(P60～、116)
コノハナサクヤヒメ
(P117)
ホデリ
(P118)
ホオリ
(P118)
トヨタマビメ
(P119)
ウガヤフキアエズ
(P120)
神武天皇
タマヨリビメ (P119)
オオクニヌシ
(P56～、111)
コトシロヌシ
(P115)
タケミナカタ
(P115)
オオクニヌシの国づくりを
サポートした神様
サシクニワカヒメ (P113)
スセリビメ (P113)
オオモノヌシ (P114)
スクナヒコナ (P114)
ヤガミヒメ (P112)

神様の略系図

この本で取り上げている主な神様たちの関係を系図にしてまとめてみました。

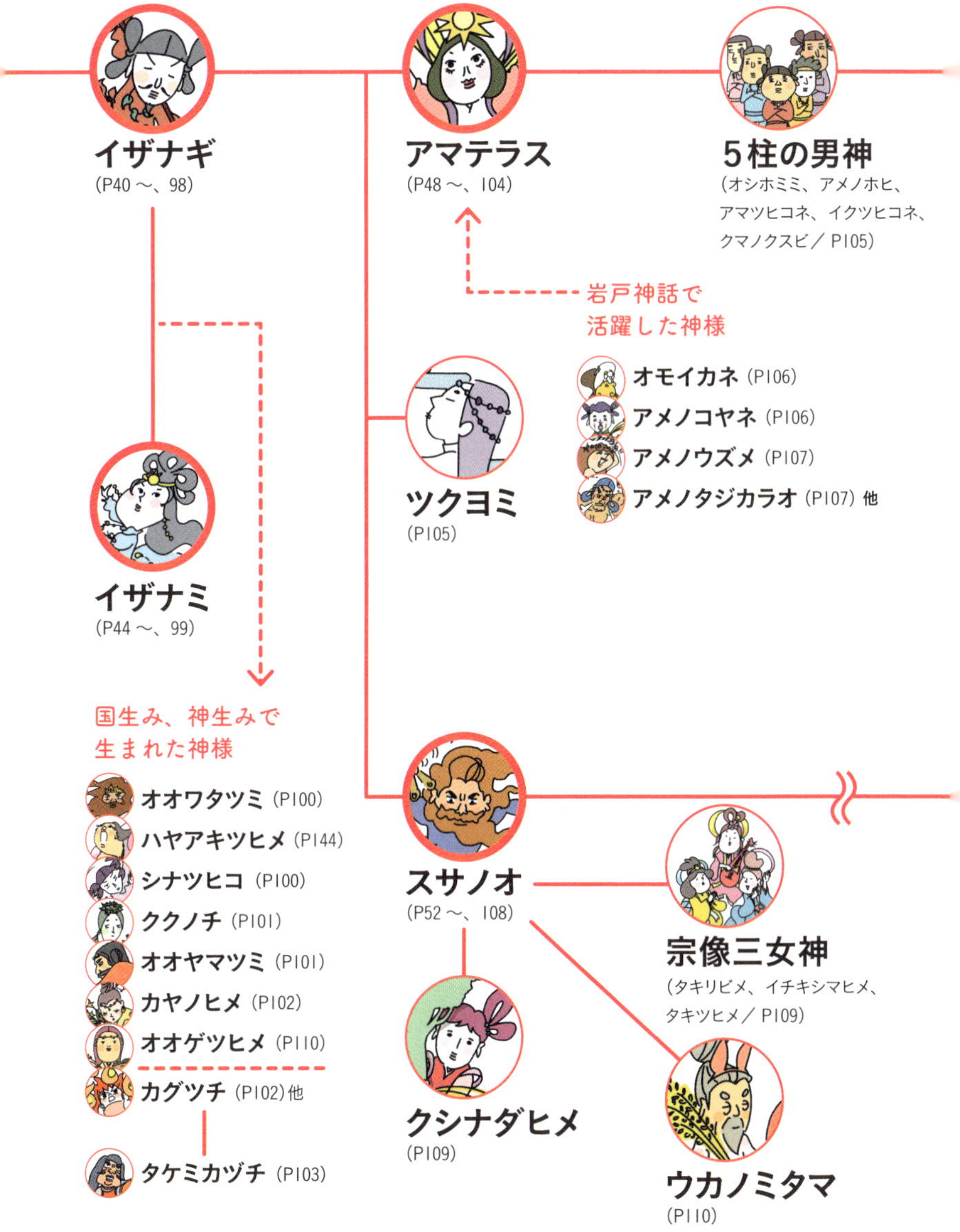

イザナギ
(P40 ～、98)
アマテラス
(P48 ～、104)
5柱の男神
(オシホミミ、アメノホヒ、アマツヒコネ、イクツヒコネ、クマノクスビ／P105)
岩戸神話で活躍した神様
オモイカネ (P106)
アメノコヤネ (P106)
アメノウズメ (P107)
アメノタジカラオ (P107) 他
ツクヨミ
(P105)
イザナミ
(P44 ～、99)
国生み、神生みで生まれた神様
オオワタツミ (P100)
ハヤアキツヒメ (P144)
シナツヒコ (P100)
ククノチ (P101)
オオヤマツミ (P101)
カヤノヒメ (P102)
オオゲツヒメ (P110)
カグツチ (P102)他
タケミカヅチ (P103)
スサノオ
(P52 ～、108)
宗像三女神
(タキリビメ、イチキシマヒメ、タキツヒメ／P109)
クシナダヒメ
(P109)
ウカノミタマ
(P110)

神様図鑑

日本の神様は「八百万の神」ともいわれていますが、この本でお伝えしている神様や、その神様と関わりのある神様を46柱、ご紹介しましょう。

イザナギ

日本のラフデッサンを描き、形にした神様

●関係深い神様

妻：イザナミ
子：オオワタツミ、シナツヒコ、オオヤマツミ、
　　カヤノヒメ、カグツチ他
イザナギを助けた神様：オオカムズミ
子：アマテラス、ツクヨミ、スサノオ

●お祀りされている神社

伊弉諾神宮（兵庫県）
多賀大社（滋賀県）
伊佐奈岐宮（三重県）
など

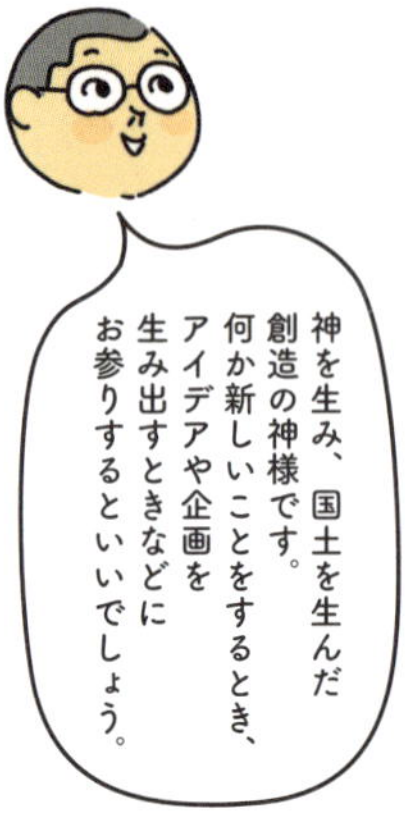
神を生み、国土を生んだ
創造の神様です。
何か新しいことをするとき、
アイデアや企画を
生み出すときなどに
お参りするといいでしょう。

つん
つん

ともに国づくりをした妻・イザナミに先立たれ、黄泉の国へ。そこから逃げ戻った後、禊をしてアマテラスやスサノオを生む。

イザナミ

神を生み、国土を生んだ創造の女神

火の神カグツチを生んだのが元で亡くなり、初めて葬送された神様。黄泉の国まで追ってきた夫・イザナギが元の世界に戻った後、冥界を治める。

夫・イザナギとともに国土を生み出した女神様です。
ビジョンを形にしたいとき、
自分の女性性を高めたいとき、
パートナーシップに
縁が欲しいときに。

● 関係深い神様

夫：イザナギ

子：オオワタツミ、シナツヒコ、オオヤマツミ、カヤノヒメ、カグツチ他

● お祀りされている神社

伊弉諾神宮（兵庫県）

多賀大社（滋賀県）

伊佐奈岐宮（三重県）など

海の平安を願いたいときに
オオワタツミ

● 関係深い神様
父：イザナギ
母：イザナミ

● お祀りされている神社
志賀海神社（福岡県）
二見興玉神社（三重県）など

海をつかさどる主宰神といわれ、「海上安全」「大漁祈願」にご神徳があるとされています。

海神の宮殿に住む。訪ねてきたホオリと娘のトヨタマビメを結婚させた。

神風すら巻き起こす
シナツヒコ

● 関係深い神様
父：イザナギ
母：イザナミ

● お祀りされている神社
龍田大社（奈良県）
伊勢神宮の風日折宮（三重県）など

名前から「長寿の神様」、また鎌倉時代、蒙古襲来のとき、この神様の力で神風が起きたとされることから、「国家平安」のご神徳も。

伊勢神宮で毎年、風雨の災害なく五穀豊穣を願って「風日祈祭」が行われる。

木をつかさどる神様
ククノチ

「クク」は茎、「チ」は精霊をあらわす。

● 関係深い神様
- 父：イザナギ
- 母：イザナミ

● お祀りされている神社
- 公智神社（兵庫県）
- 樽前山神社（北海道）など

屋根の神様としても崇敬され、家屋の上棟式などでご祭神の一柱とされます。

山のエネルギーを感じたいなら
オオヤマツミ

● 関係深い神様
- 父：イザナギ
- 母：イザナミ
- 子：コノハナサクヤヒメ

● お祀りされている神社
- 大山祇神社（愛媛県）
- 三嶋大社（静岡県）など

コノハナサクヤヒメなど、多くの神々の父。

山や丘の神様であることから、山のエネルギーをいただきたいときに。また、山々の樹木は雨の水を集めることから、「水源の神様」としても信仰されています。

カヤノヒメ

野原をつかさどる神様

● 関係深い神様
父：イザナギ
母：イザナミ

● お祀りされている神社
萱津神社（愛知県）
樽前山神社（北海道）など

オオヤマツミと分担して
山野を受け持つ。

人間にとって
身近な草である
「萱」が「草の神」として
信仰されています。
自然のエネルギーを
チャージしたいときに。

カグツチ

火をつかさどる神様

● 関係深い神様
父：イザナギ
母：イザナミ

● お祀りされている神社
秋葉神社（静岡県）
愛宕神社（京都府）など

“火”が持つエネルギーの
強さ、危険さをあらわす。

「火伏せの神様」「温泉の神様」、
火の力で鉄を溶かすことから
「鍛冶の神様」としても
信仰されています。

タケミカヅチ

国ゆずりを成功に導いた闘士

● 関係深い神様
父：イザナギ
※タケミカヅチは、イザナギがカグツチを切った刀についた血から生まれた神様です。

● お祀りされている神社
鹿島神宮（茨城県）
春日大社（奈良県）など

勇猛果敢な、武道や勝負事の神様。

タケミカヅチがナマズを押さえ込んでいるため、鹿島には地震がないともいわれる。

オオカムヅミ

聖なる食べ物・桃の象徴

● 関係深い神様
イザナギを助けた

● お祀りされている神社
桃太郎神社（愛知県）
賀茂神社（徳島県）など

昔話・桃太郎や桃の節句などでもおなじみのように、桃には邪を祓い、清める働きがあるとされていました。なんとなく元気がないとき、うまくいっていないときにおすすめです。

黄泉の国から逃れ去るイザナギを救った桃の実に、名前がつけられた。

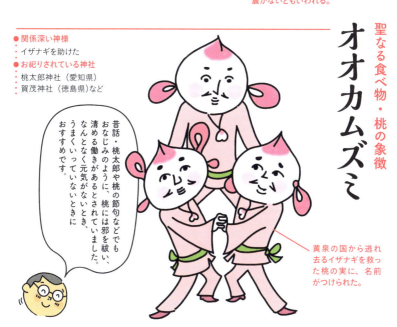

アマテラス

神様も引きこもる？太陽を象徴する神様

日本の総鎮守神。末永く私たちを見守ってくださり、稲作をこの世界に伝えたともいわれます。何かをお願いするよりも、日ごろの感謝や祈りを捧げる存在として正直な心で向き合いましょう。

●関係深い神様

父：イザナギ
弟：ツクヨミ、スサノオ

●お祀りされている神社

伊勢神宮の内宮（三重県）
天岩戸神社（宮崎県）
廣田神社（兵庫県）など

荒ぶる弟・スサノオと対決後、岩戸にこもってしまい、世界に闇をもたらす。神々の知恵により岩戸から姿を現すと、天上に光が戻った。

夜の世界をつかさどるミステリアスさが人気

ツクヨミ

● 関係深い神様

父：イザナギ

● お祀りされている神社

伊勢神宮の月読宮（三重県）
松尾大社の摂社の月読神社（京都府）など

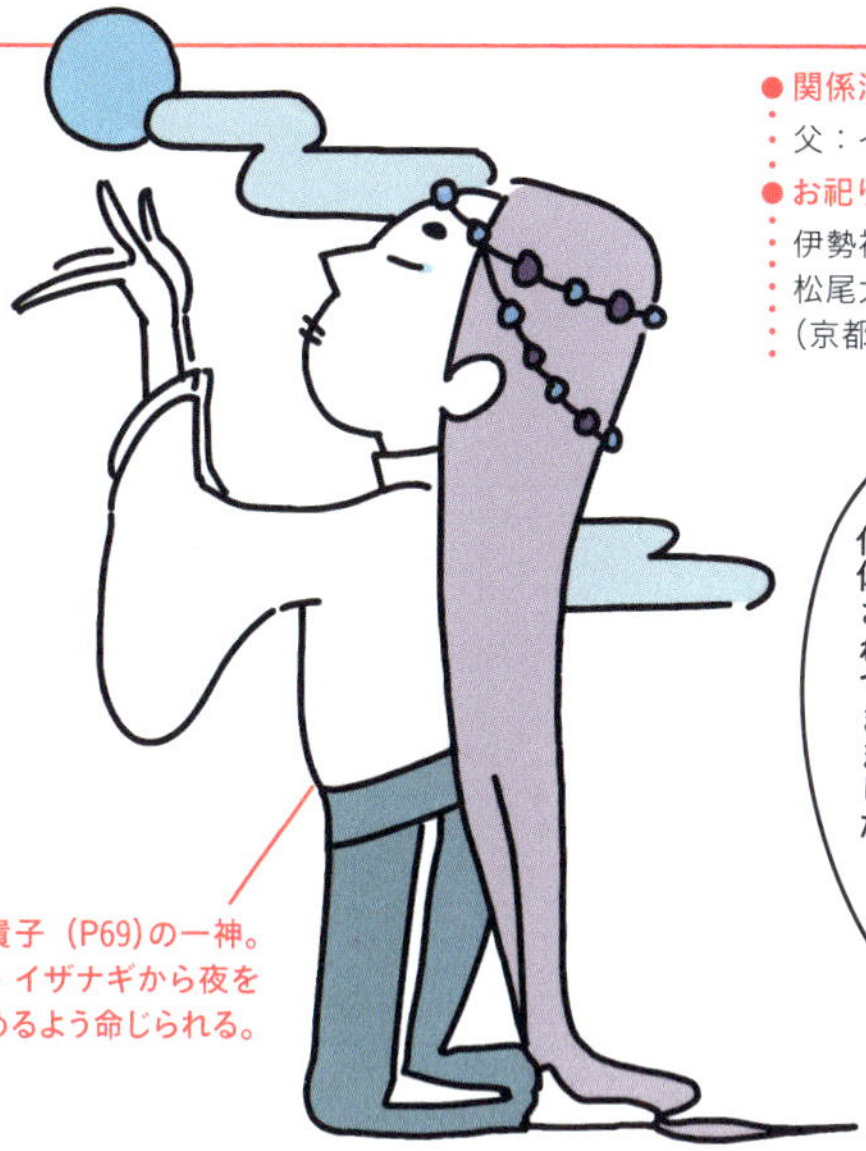

三貴子（P69）の一神。父・イザナギから夜を治めるよう命じられる。

アマテラスが生んだ5柱の神々

オシホミミ、アメノホヒ、アマツヒコネ、イクツヒコネ、クマノクスビ（5柱の男神）

● 関係深い神様

母：アマテラス

● お祀りされている神社

天忍穂別神社（高知県）
伊豆山神社（静岡県）など

オシホミミには葦原中国を統治する命がくだり、アメノホヒはオオクニヌシへの使者となった。

オモイカネ

岩戸開きを成功に導いた、智恵の持ち主

● 関係深い神様
岩戸神話に登場：アマテラス

● お祀りされている神社
秩父神社（埼玉県）
戸隠神社（長野県）など

他の神様まで知恵を借りに来るほどの賢者。

何かを成し遂げるためには、「思慮を尽くして考える」ことを象徴しています。

アメノコヤネ

祝詞をつかさどる祈りと言霊の神様

● 関係深い神様
岩戸神話に登場：アマテラス

● お祀りされている神社
春日大社（奈良県）
枚岡神社（大阪府）など

岩戸に隠れたアマテラスのために祝詞を唱えた。

この神様を祖先とする藤原（中臣）氏は、天皇家と結びついて栄華を極めました。「神様の世界と私たちとをつなぐ神様」ともいえます。

真っ暗な高天原に、大笑いをもたらす

アメノウズメ

● 関係深い神様

岩戸神話に登場：アマテラス

● お祀りされている神社

鈿女神社（長野県）

荒立神社（宮崎県）など

アマテラスのため、岩戸の前で踊った芸能の守護神。

俳優の起源ということで、芸能の神様として多くの信仰を受けています。岩戸に隠れた神様すら笑いで動かす、「お笑いは、お祓い」の神様。

思い切りのよさを象徴する力の神様

アメノタジカラオ

● 関係深い神様

岩戸神話に登場：アマテラス

● お祀りされている神社

戸隠神社（長野県）

手力雄神社

（岐阜県、千葉県）

など

最も力持ちの神様。巨大な岩を遠くまで投げるほど。

ご神名は「手の力」を意味するといわれ、アマテラスを岩戸から出したことから、「自信のなさを振り払い、思い切ってやる」ことを象徴している神様。

スサノオ

勇猛にして繊細、日本神話のスーパーヒーロー

とうっ
えいっ

父・イザナギから「海原＝地球」を治めるように言われるが、荒ぶりすぎて追放。その後、心を入れ替える。

傍若無人なふるまいをしていたと思えば、人々を困らせていたヤマタノオロチを退治したり、和歌を詠んだりと多彩な面を持つ神様です。大きな勝負にのぞむとき、自分の隠れていた才能を発揮したいときに参拝しましょう。

関係深い神様

- 父：イザナギ
- 姉：アマテラス
- 兄：ツクヨミ
- 妻：クシナダヒメ
- 子：宗像三女神（タキリビメ・イチキシマヒメ・タキツヒメ）、ウカノミタマ、スセリビメ
- 食べ物を乞うた神様：オオゲツヒメ
- 子孫：オオクニヌシ

お祀りされている神社

- 氷川神社（埼玉県）
- 須佐神社（島根県）
- 八坂神社（京都府）など

クシナダヒメ

スサノオに救われ、結婚した稲の神様

● 関係深い神様
夫：スサノオ
● お祀りされている神社
須佐神社（島根県）
八坂神社（京都府）など

ヤマタノオロチに生贄にされそうなところをスサノオに助けられる。

季節の変化で成長する稲の不思議な力を神格化した神様だといわれ、「夫婦円満」「縁結び」「稲作守護」などにご神徳があります。

宗像三女神

（タキリビメ、イチキシマヒメ、タキツヒメ）

スサノオから誕生した3柱の女神

● 関係深い神様
父：スサノオ
● お祀りされている神社
宗像大社（福岡県）
嚴島神社（広島県）など

イチキシマヒメは、七福神でいう弁財天。

海上の交通を守護する海の神様として、また、イチキシマヒメは「学問の神様」「弁舌の神様」「財産の神様」としても信仰を集めています。

オオゲツヒメ

五穀の起源となった神様

● 関係深い神様

食べ物を乞われた神様：スサノオ

● お祀りされている神社

一宮神社（徳島県）
阿波井神社（徳島県）など

食物をつかさどり、私たちの生活のベースとなる「食べるもの」「食べること」をサポートしてくださる神様。

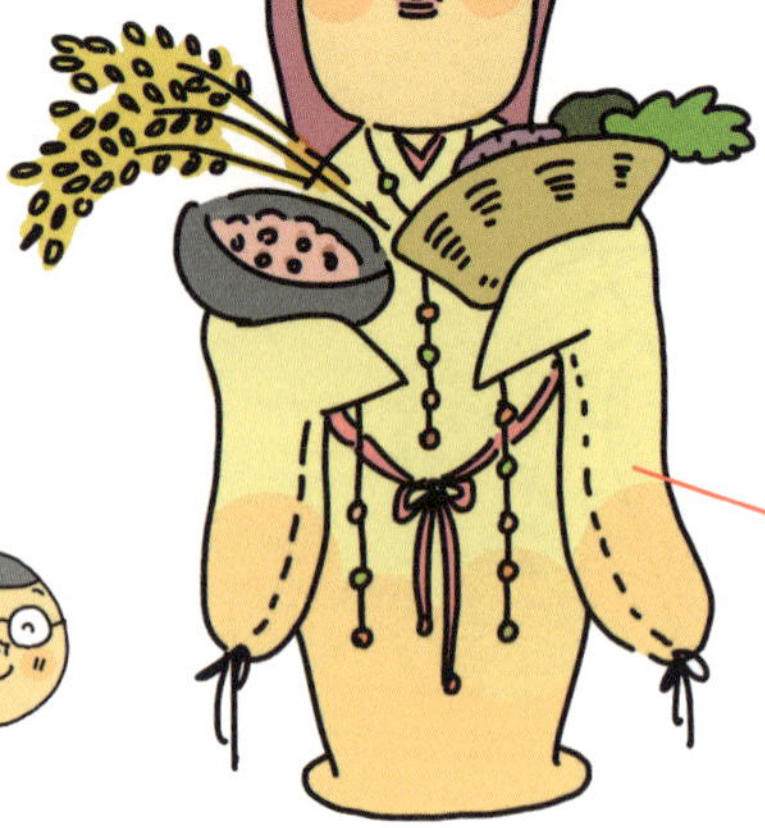
食べ物をふるまったスサノオに斬られる。その亡骸から稲や粟などの種ができた。

ウカノミタマ

商売繁盛の信仰が厚い財福の神様

● 関係深い神様

父：スサノオ

● お祀りされている神社

伏見稲荷大社（京都府）
笠間稲荷神社（茨城県）など

狐を従え、いわゆる「お稲荷さん」として親しまれている。

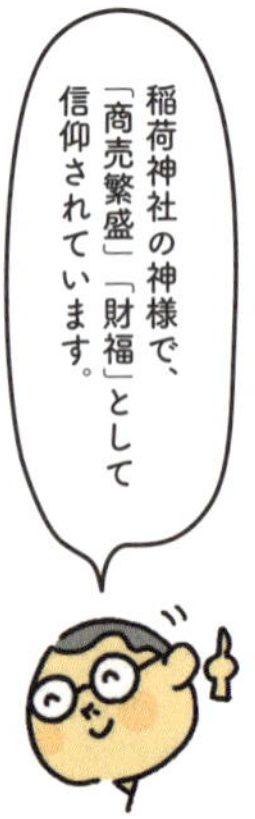
稲荷神社の神様で、「商売繁盛」「財福」として信仰されています。

数々の困難を乗り越える、人気神

オオクニヌシ

因幡の白うさぎを助けた優しい神様。二度殺されても生き返るなど、試練の中でも国づくりに励んだ。

● 関係深い神様

- 母：サシクニワカヒメ
- 兄：八十神
- 妻：スセリビメ
- 国づくりのパートナー：スクナヒコナ
- お祀りした神様：オオモノヌシ
- 子：コトシロヌシ、タケミナカタ
- 祖先：スサノオ（6代前）、イザナギ（7代前）

● お祀りされている神社

- 出雲大社（島根県）
- 大国主神社（和歌山県、大阪府、長野県、秋田県）など

兄にいじめられたり、スサノオに試練を与えられたりと、数々の困難に直面しますが、周囲の協力を得ながら切り開いていく神様です。難しいことに直面したときにお参りするとよいでしょう。

ヤガミヒメ

将来性ある若者を選ぶ眼を持つ

● 関係深い神様
夫：オオクニヌシ

● お祀りされている神社
売沼神社（鳥取県）
八上姫神社（島根県）など

オオクニヌシの最初の妻。スセリビメの嫉妬を恐れ、実家に帰った。

オオクニヌシが兄弟からいじめられていたときに、そのオオクニヌシと結婚をした女神様。「本物を見極める」「先見の明」を象徴した神様といえるでしょう。

八《や》十《そ》神《がみ》

弟・オオクニヌシに試練を与える神様たち

● 関係深い神様
弟：オオクニヌシ

● お祀りされている神社
不明

八十（やそ）とは、数が多いことをあらわす言葉。

弟・オオクニヌシを恨んだ神々。嫉妬でブレーキが効かなくなるのは、神様も同じようですね。

サシクニワカヒメ

母の持つ息子への思いを象徴

- 関係深い神様
  - 子：オオクニヌシ
- お祀りされている神社
  - 赤猪岩神社（鳥取県）など

兄神に殺されたオオクニヌシを
よみがえらせた。

母が子に持つ「無償の愛」の象徴。お母さんへの感謝の思いをささげるのによいでしょう。

スセリビメ

国づくりをサポートした女神様

- 関係深い神様
  - 父：スサノオ
  - 夫：オオクニヌシ
- お祀りされている神社
  - 大神大后神社（島根県）
  - 夫婦大国社（奈良県）など

オオクニヌシの国づくりを助けられた女神様なので、パートナーシップなどにご神徳があるといえそうです。

オオクニヌシとの激
しいラブストーリー
を経て、結ばれる。

スクナヒコナ

オオクニヌシの唯一無二のパートナー

● **関係深い神様**

共に国づくりを行う：オオクニヌシ

● **お祀りされている神社**

大神神社（奈良県）
北海道神宮（北海道）など

小さいけど頼りになる。
一寸法師のモデル。

「温泉の神」「まじないの神」「酒造の神」「薬の神」など、さまざまなご神徳を持ちます。

オオモノヌシ

悲嘆にくれたオオクニヌシの前に現れた

● **関係深い神様**

オオモノヌシを祀った
神様：オオクニヌシ

● **お祀りされている神社**

大神神社（奈良県）など

国づくりのパートナー・スクナヒコナがいなくなり悲嘆していたオオクニヌシの前に現れた神様です。道を開いてほしいとき、どうしていいかわからないときに参拝してみましょう。

オオクニヌシの分身という説も。オオクニヌシが困ったとき、助けてくれた神様。

協調、平穏を象徴する福徳の神様
コトシロヌシ

● 関係深い神様
父：オオクニヌシ
● お祀りされている神社
美保神社（島根県）
三嶋大社（静岡県）など

七福神の恵比寿様と称され、「福徳の神様」として崇敬されています。
マイペースな神様で、いわゆる七福神の恵比寿様。

簡単にあきらめてはいけないと教えてくれる
タケミナカタ

● 関係深い神様
父：オオクニヌシ
● お祀りされている神社
諏訪大社（長野県）
鎮西大社諏訪神社（長崎県）など

強いものに臆することなく最後まで戦う姿勢は、共感・畏敬を集め、勝負の神様として戦国武将から多くの信仰を得ました。
祀られている諏訪大社は、勇壮な御柱祭で有名。

天孫降臨を果たした
高天原の皇子

ニニギ

● 関係深い神様
- 天孫降臨時の道案内：サルタヒコ
- 妻：コノハナサクヤヒメ
- 子：ホデリ、ホオリ

● お祀りされている神社
- 高千穂神社（宮崎県）
- 霧島神宮（鹿児島県）
- 射水神社（富山県）など

アマテラスの孫として天孫降臨を果たしました。新しいことをスタートしたいとき、大きな仕事に着手するときなどに参拝してみましょう。

アマテラスからあずかった三種の神器を持ち、オオクニヌシがととのえた葦原中国に降り立つ。

サルタヒコ

天狗のモチーフにも！　道開きに！

● 関係深い神様
- 天孫降臨時の道案内：ニニギ
- 妻：アメノウズメ

● お祀りされている神社
- 椿大神社（三重県）
- 猿田彦神社（三重県）など

「道開きの神様」として有名。長身で鼻が長く、目は鏡のように赤く輝くという姿から天狗の原型という説も。

降臨したニニギのために、道案内をつとめた。

コノハナサクヤヒメ

女性の持つ美しさと強さを象徴

● 関係深い神様
- 夫：ニニギ
- 父：オオヤマツミ

● お祀りされている神社
- 富士山本宮浅間大社（静岡県）
- 浅間神社（山梨県）など

夫・ニニギに疑われ、身の潔白を証明するため燃え盛る火の中で出産。結構、激しい一面も。

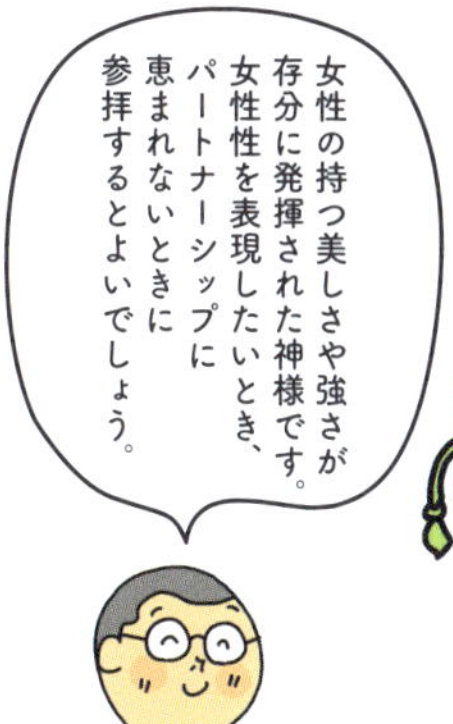
女性の持つ美しさや強さが存分に発揮された神様です。女性性を表現したいとき、パートナーシップに恵まれないときに参拝するとよいでしょう。

ホデリ、ホオリ

海幸彦・山幸彦とも呼ばれる

● 関係深い神様
- 父：ニニギ
- 母：コノハナサクヤヒメ

● お祀りされている神社
- 鹿児島神宮（鹿児島県）
- 青島神社（宮崎県）など

ホデリ
ホオリ
お互いの役割を交換しようとして、いろいろあった神様。

海と山を象徴する神様です。自分が何をしたいか迷ったときに参拝してみましょう。

シオツチ

深い叡智で道を開く神様

● 関係深い神様
- ニニギの子・ホオリをサポート

● お祀りされている神社
- 塩竃神社（宮城県）
- 青島神社（宮崎県）など

困っているホオリを助けるなど、神様に「道」を教える神様。

「道開きの神様」「叡智の神様」として信仰されています。

神武天皇の祖となる神様を生んだ
トヨタマビメ

● 関係深い神様
父：オオワタツミ
夫：ホオリ
妹：タマヨリビメ

● お祀りされている神社
鹿児島神宮（鹿児島県）
豊玉姫神社（佐賀県）など

「安産」や「子孫繁栄」などのご神徳があるとされています。

海神の宮（竜宮城）に暮らしていた姫。ホオリと出会い、ウガヤフキアエズを生む。

姉の子どもを育てた、優しい神様
タマヨリビメ

● 関係深い神様
父：オオワタツミ
夫：ウガヤフキアエズ
姉：トヨタマビメ

● お祀りされている神社
賀茂御祖神社（京都府）
玉前神社（千葉県）など

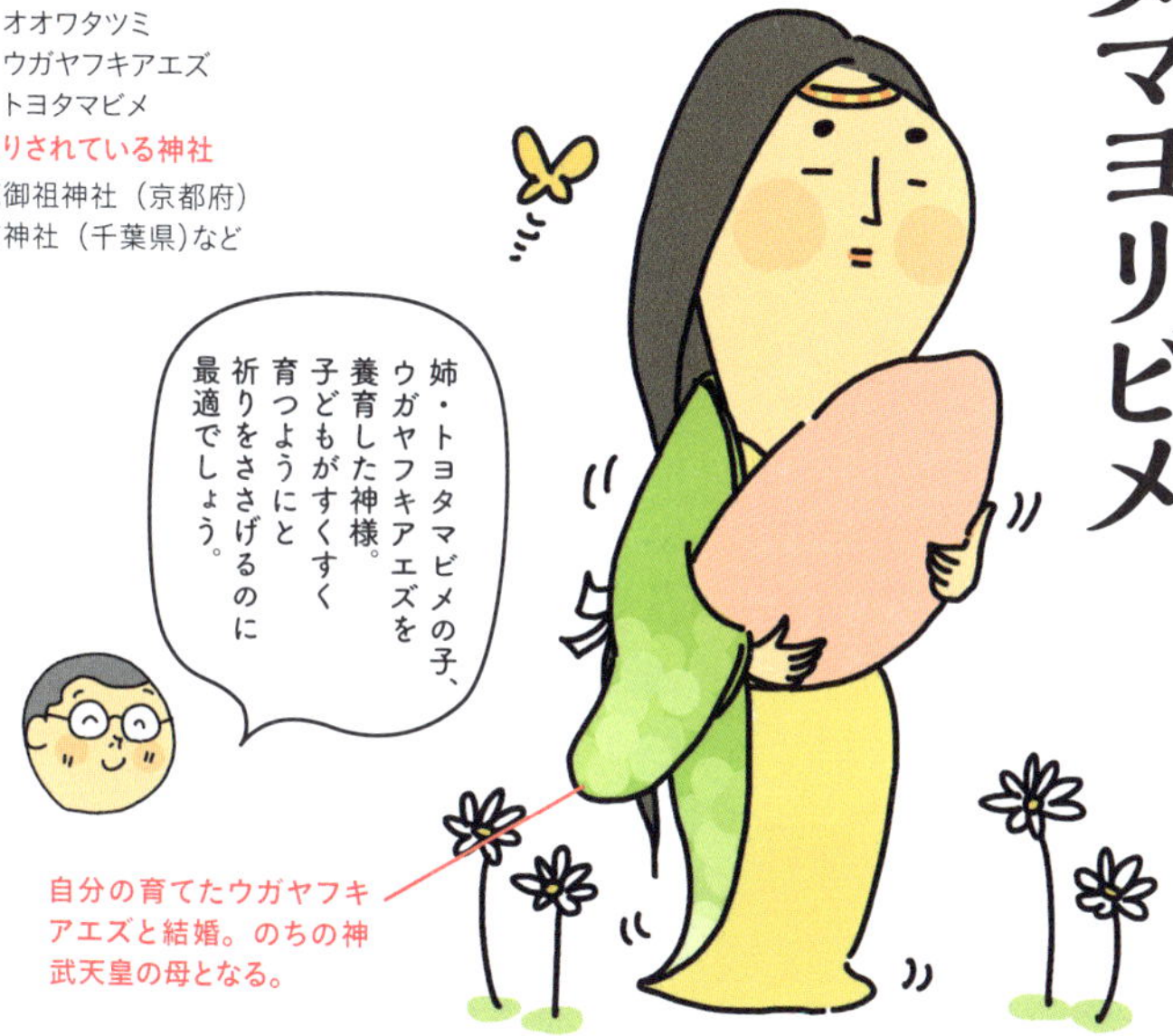
姉・トヨタマビメの子、ウガヤフキアエズを養育した神様。子どもがすくすく育つようにと祈りをささげるのに最適でしょう。

自分の育てたウガヤフキアエズと結婚。のちの神武天皇の母となる。

初代・神武天皇の父
ウガヤフキアエズ

- **関係深い神様**
  - 母：トヨタマビメ
  - 妻：タマヨリビメ
  - 子：初代・神武天皇
- **お祀りされている神社**
  - 鵜戸神宮（宮崎県）など

産屋の屋根をふき終わらないうちに生まれた。神代と人代をつなぐ神様。

初代・神武天皇のお父様です。国家の安寧、万民家楽など、大きな祈りをささげるのによいでしょう。

以上、
たくさんの神々を見てきました。
私たち人間に
個性や特技があるように、
神様にもそれぞれ独特の性格が
あることがわかると思います。
「どの神様が優れている」ではなく、
さまざまな個性が絡み合って、
一つの世界をつくっているのが
日本の神様の世界の
大きな特徴です。

コラム

『古事記』に登場しない神様

同じ時期に編纂されたといわれる、『古事記』と『日本書紀』。同時期に誕生したにも関わらず、『日本書紀』には登場し、『古事記』には登場されない神様がいます。また神社で奏上される祝詞には出てくるものの、『古事記』には登場されない神様も。

フツヌシ

天孫降臨の段で、タケミカヅチとともに出雲に下り、オオクニヌシと国ゆずりの交渉を行った神様。タケミカヅチと関係が深いとされ、東国三社や塩竈神社（宮城県）では一緒に祀られる。香取神宮（千葉県）のご祭神。

ククリヒメ

イザナギとイザナミとが黄泉の国で言い争いをした際、仲裁に入った神様。「ククリヒメの一言をイザナギがおほめになられた」との記載が『日本書紀』にある。白山比咩神社（石川県）のご祭神。

アメノカガミ

クニトコタチのお子様。伊勢神宮の神鏡はこの神様の鋳造によるものとされる。『日本書紀』にのみ記述のある神様。

ウケモチ

食物をつかさどる神様。口から魚や獣を吐き出し、ツクヨミをもてなした。しかし、そのさまを見て「汚らわしい」と怒ったツクヨミに斬られてしまう。それを聞いたアマテラスが怒り、「もうツクヨミとは会いたくない」と言ったという話が残る。花園神社（東京都）のご祭神。

ワカヒルメ

アマテラスとも、そのお子様ともいわれる神様。スサノオが馬の皮を逆剥ぎにして部屋の中に投げ込んだことが原因で亡くなってしまう。生田神社（兵庫県）、玉津島神社（和歌山県）のご祭神。

この他にもいろいろな神様がおられます。みなさんも探してみませんか。

4章

神様を身近に感じるために

誰もが祝詞《のりと》を奏上することができます

ここまで、『古事記』に登場されてきた神様のことを中心にお話ししてきました。この章では、祝詞についてお伝えします。

『古事記』同様、「どうして『神様図鑑』なのに、祝詞が出てくるの？」と不思議に思う方もいるでしょう。

それは、神様の世界を知るには、私たちの心持ちをクリアにすることが大切だからです。

神様を目で見ることはできませんし、耳で聞くこともできません。触って感じることも、香りを嗅いで知ることもできません。神様は、私たちの五感をはるかに超えた存在だからです。

そんな神様の世界を少しでも知るためには、自分の心をクリアにし、きれいに磨かれた鏡に映すようにして神様を感じるしかありません。

そのために必要なのが、祝詞なのです。

祓詞

神社で行われる祭儀において奏上される独特の文体を持つ詞を「祝詞」、ご神事の前のお祓いを行う際に奏上される祝詞を「祓詞」という。

※本書では便宜上、両者の使い分けをせず「祝詞」で表現を統一しています。

「神職でもないのに、祝詞を読んだりしてもいいの？」と思うかもしれませんが、大丈夫。実際、「祝詞を学びたい」「祝詞を毎日、読んでいる」といった方は想像以上に多く、インターネットで（祝詞　勉強会）（大祓詞　講座）などと検索してみると、各地で頻繁に祝詞の勉強会が開催されています。

私もたびたび参加していますが、お会いするのはごく普通の方々。特別な肩書きがあったり、神社関係の仕事に就いている人たちではありません。

「友だちから誘われた」、「なんとなく気になっていた」、「そもそも、祝詞というものが何か知りたかった」「何か今までと違うことをしてみたかった」など、参加の動機はそれぞれです。

きっかけは、「日本人だから知っておきたい」でも、「奏上すると運がよくなると聞いた」でもかまいません。「祝詞を奏上できたら、なんとなくかっこいい」という動機でもいいと思います。

ここでは祝詞を知っておくと「日本の神様の世界」がよりわかるようになるということだけ、頭の片隅に入れておいてくださいね。

祝詞を奏上する理由

そもそも、「なぜ、祝詞を奏上するのか?」。

これをまとめるだけで一冊の本ができるほど奥深い祝詞の世界ですが、ここでは2つのポイントに絞ってお伝えしましょう。

POINT 1

～祝詞は神様に捧げるものである～

Ⅰ　私たちは神様に捧げものをする

神社を参拝するというのは、私たちが「捧げもの」をするということです。その「捧げもの」によって、神様の威力は増し、その力によって私たちに幸運が訪れると考えられています。

鎌倉幕府を開いた源頼朝は「神は人の敬う所に依って威力を増し、人は神の徳によって運を添える」と言われました。ここで大切なのは、「まず人間の方から神様の威力が増すように動く」ということです。

「捧げもの」と聞くと、お供えものやお賽銭をイメージするかもしれませんが、自分のお小遣いの中から「お供えものをご神前に供える」「お賽銭を出す」というのは、

源頼朝
1147～1199年。平安時代～鎌倉時代の武将、政治家。1192年に征夷大将軍に命ぜられ、鎌倉幕府を開いた。

神は人の敬う所に依って威力を増し、人は神の徳によって運を添える
神様は人間から崇敬されることによってその霊験が一層あらたかになり、人はそのご神徳によって運を与えられるようになる、の意味。鎌倉時代に定められた「御成敗式目」（武士のための法令）の第一条に記されている。

神様に対して「行動の捧げもの」をしているということ。こうした捧げものが、神様の威力を上げていくのです。

ただ、それが「捧げもの」のすべてではありません。

2 神様に対して行う「気持ちの捧げもの」

表向きは立派な行動を取りつつ、心の中では逆のことを考えることができる、それが人間です。

神社に参拝して多くのお供えものをしたところで、心の中がよこしまな思いであったら、神様の威力は上がるはずもありません。心の中で「自分にとって都合のよいこと」ばかりを考えてお参りしたり、「どうせ願いなんか叶わないだろう」といった疑いの気持ちで参拝をするのもあまり意味がありません。「形だけ整えて、魂入れず」という状態です。

「心の中でどのように神様と向き合っているか?」

実はこれも立派な「捧げもの」です。「気持ちの捧げもの」といってもいいかもしれません。

自分がお願いしたいことを神様に一方的に伝えるのではなく、「まず自分から神様の威力を上げよう」という「気持ち」を、祝詞を通じて神様に捧げたいですね。

神様への捧げもの
神様にお供えする食べ物は神饌(しんせん)と呼ばれます。お米、酒、塩、水、海の幸、山の幸、地域の名産物などを捧げて、神様をもてなすのが一般的です。神事が終了した後は、神様とともに食事をすることで一体感を感じ、恩恵を得ようとする直会(なおらい)という儀式が行われます。これは、日本における神祭りの特徴といわれています。

3　神様に「言葉」を捧げる

神様への、「言葉の捧げもの」が祝詞です。神様に対しての思いを「言葉」として表現するのは、何よりの「捧げもの」となります。そこには「気持ちの捧げもの」も「行動の捧げもの」も含まれているからです。

祝詞を奏上しようと思ったということは、何かしらのきっかけがあったはず。「人の話を聞いた」「本を読んだ」など始まりはさまざまでも、どこかに「祝詞を奏上してみようかな」という自分の「気持ち」が生まれ、それがあるタイミングで「祝詞を奏上してみよう！」と「行動」へと促され、そして祝詞という「言葉」が世界に放たれたということです。

つまり、祝詞には神様に対しての「気持ちの捧げもの」「行動の捧げもの」「言葉の捧げもの」など、すべての要素が含まれているのです。

「考えているだけで、口に出して言わなければ伝わらない」というのは、人間世界でもよくあること。

日本には古くから「身・口・意」という言葉がありますが、「行動、言葉、気持ち」のすべてを使って「捧げもの」をするのが大切です。そうすることで神様の威力が増し、結局は私たち自身に恩恵が注がれることになるのです。

身・口・意
しん・く・い。人間の活動をトータルにあらわす言葉。身（しん）・身体で行う活動の一切、口（く）・言葉や言葉を発すること、意（い）・心で感じたり考えたりすることをいう。

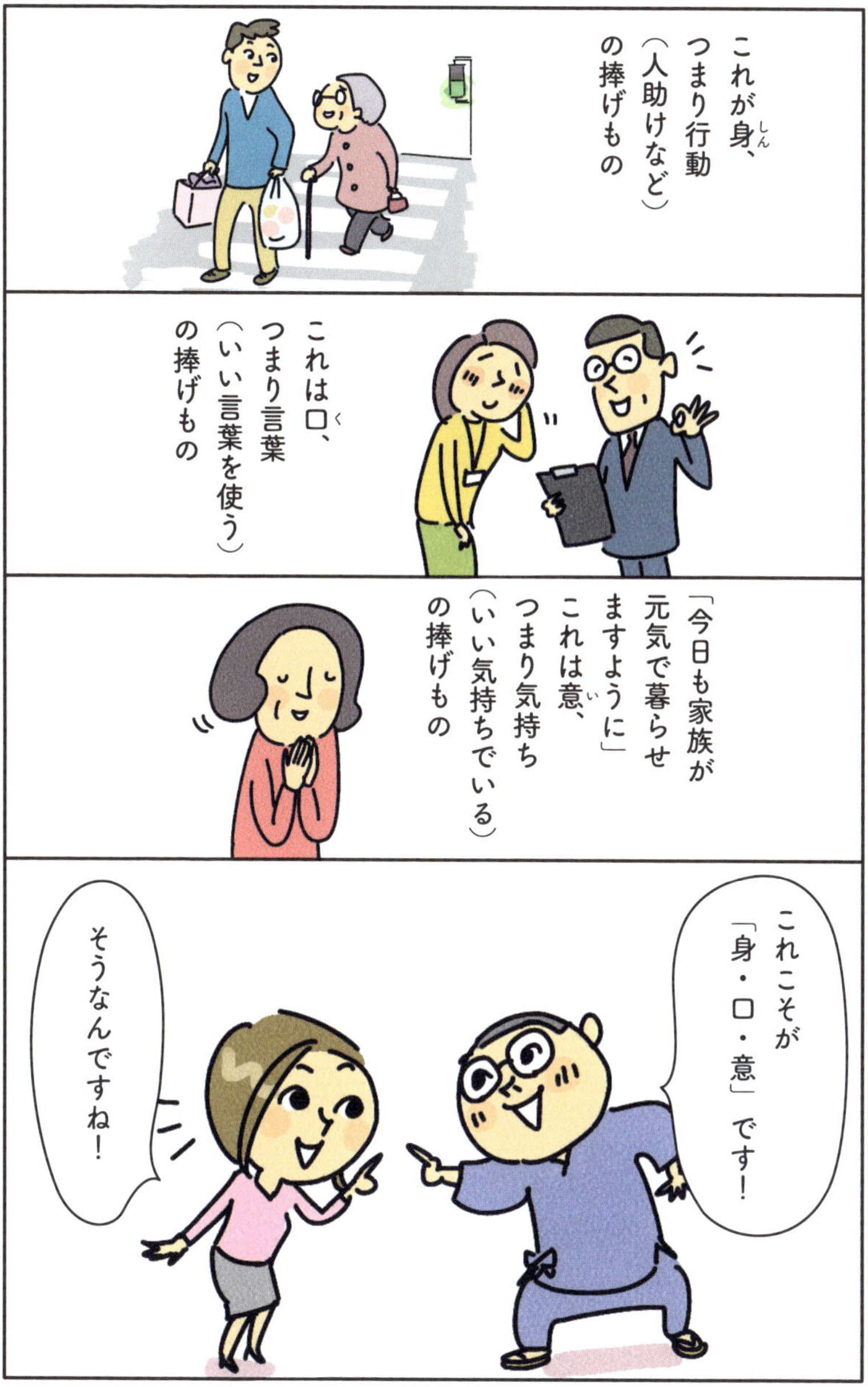
これが身《しん》、つまり行動（人助けなど）の捧げもの
これは口《く》、つまり言葉（いい言葉を使う）の捧げもの
「今日も家族が元気で暮らせますように」これは意《い》、つまり気持ち（いい気持ちでいる）の捧げもの
これこそが「身・口・意」です！
そうなんですね！

POINT 2

～祝詞は自分に奏上するものでもある～

そして、祝詞は自分自身に奏上することでも威力を発します。

1　私たちの罪や穢れを祓う

日常生活を送っていると、さまざまに感情が揺れ動きますね。喜び、怒り、悲しみ、嫉妬、後悔、不安……。そうした感情の変化によって、私たちの中には身体と精神とを滞らせてしまう不要なエネルギーが蓄積されていきます。

これを「穢れ（けがれ）」と表現し、「きちんと祓うことができる」としたのが、古くからの信仰です。

水の祓い、火の祓い、音の祓い、香りの祓いなど、さまざまな祓いがありますが、祝詞はその中でも、音（言霊《ことだま》）の祓い。つまり、祝詞を奏上することによって、私たちの中にたまってしまった不要なエネルギーを祓うことができるようになるのです。

2　不要なエネルギーが祓われると、本来の自分が出てくる

不要なエネルギーが祓われると、私たちを滞らせるものが少なくなります。

さまざまな祓い
神職がお祓いをしてくださるときに、幣（ぬさ）とよばれる白い道具で祓ってくださいますね。あれは、風の祓いです。
また、社務所でお守りを求めると、火打ち石を打ってくださる神社もあります。あれは火の祓いです。滝行は水の祓いです。
さまざまな祓いが混在している場所、それが神社なのです。

言霊
古来より、言葉の中に宿ると信じられた、霊的な力のこと。日本は、言霊の力によって幸せがもたらされる「言霊の幸ふ国」とされてきました。

「言いたいけど言えない」

「やりたいけど、どうも気が進まない」

私たちを悩ませるこうした感情は、身体や精神のどこかに滞りがあるということ。そうしたものが、祝詞を奏上していくことでどんどんとクリアになっていきます。

それは、本来の自分が姿を現すということでもあります。祝詞には、そんな本来の自分を取り戻していく働きもあるのです。

3 「日本の神様の世界」を身体で知る

「日本の神様の世界」を知識として知っていくのが『古事記』。一方、「日本の神様の世界」を身体の感覚として落とし込んでいくのが祝詞ではないかと私は思うのです。

『古事記』を通して「日本の神様の世界」を学びながら、祝詞を奏上することにより、バランス感覚が取れた状態で「神様の世界」を知ることができるようになります。

また、後でもお伝えしますが「祝詞」と『古事記』に描かれているテーマは実は同じ。2つを一緒に学んでいくことによって、互いのことが理解しやすくなっていくのです。

祝詞にはいろいろなものがあります

祝詞には、さまざまな種類があります。ここに代表的なものをいくつかあげてみましょう。

・**祓詞《はらえことば》**

神社のお祭りなどで最初に奏上される祝詞です。「新車を購入してお祓いに行った」「子どもが初めて神社参拝をした」。そんなときに神職が奏上され、よく耳にするのが祓詞です。

・**大祓詞《おおはらえことば》**

神社で年に2回（6月末、12月末）奏上される祝詞（P138〜143に全文掲載）。自分の中にたまっていた半年間の罪を祓うといわれています。

・**六根清浄《ろっこんしょうじょう》**

願望成就の祝詞といわれています。神仏習合《しんぶつしゅうごう》が長く続いてきた日本において、仏教の影響を受けている祝詞で、仏教や修験道《しゅげんどう》の方にもよく奏上されています。

六根清浄
人間に具《そな》わった六根（目、耳、鼻、舌、身、意識）を清浄にすること。

このように数々ある祝詞ですが、この本では「大祓詞」を取り上げています。大祓詞は、全部で800文字ほどあり、奏上すると6~7分ほどかかります。仕事や家庭での役割を果たしながら、その時間をもつのは、簡単ではないでしょう。

初めは意味もわからずに奏上するので、少しもんもんとするかもしれません。ただ、ずっと続けていると少しずつ覚えてきます。するといつの間にか徐々につながりができてきて、奏上をすると気分が晴れやかになったり、落ち着きを取り戻したりもしてきます。こうした「感覚」を体感していくと奏上し続けたくなってきます。すると、気がついた頃には「大祓詞を覚えてしまっていた」ということも、決してめずらしくありません。

「どうも自信がない」と悩んでいた方が、大祓詞に一念発起。全文を暗記した頃にはまったく別の性格になっていた。そんな例はよく見聞きします。

誰でもできるけど、なかなか続けられないことを続けていく、そのことにより自分自身のセルフイメージまでが変わってくるのかもしれません。

「地球をも祓う」といわれるほど霊験あらたかな祝詞ですので、ぜひ自分のペースで生活に取り入れてみてくださいね。

神仏習合
日本古来の信仰である「神」と、海外から輸入された信仰である「仏」とを結びつけた信仰のこと。明治時代までの日本は、1000年以上に渡り、「神仏習合」の時代が続いていた。

修験道
山岳での修行を通して超自然的な力を獲得しようとする山岳信仰。役小角（役行者）によって飛鳥時代に創始されたという。

大祓詞はこうして奏上しましょう

○大祓詞の奏上の仕方

神職の方が手にするテキストには次のようなことが書かれています。

・一言一言を大切に奏上する
・明るく朗らかな声で奏上する
・抑揚はつけずに淡々と奏上する
・心を込めて奏上する
・我流にならないようにする
・初めから上手に読もうとしない

どこか抽象的な感じもしますが、厳格なルールを定めないというのが先人の知恵だったのかもしれません。

ちなみに私は、「小学校に入ったばかりの子どもが国語の教科書を朗読するような感じで読む」というたとえが気に入っています。一言一言を大切に素直に奏上する感じがイメージできますよね。

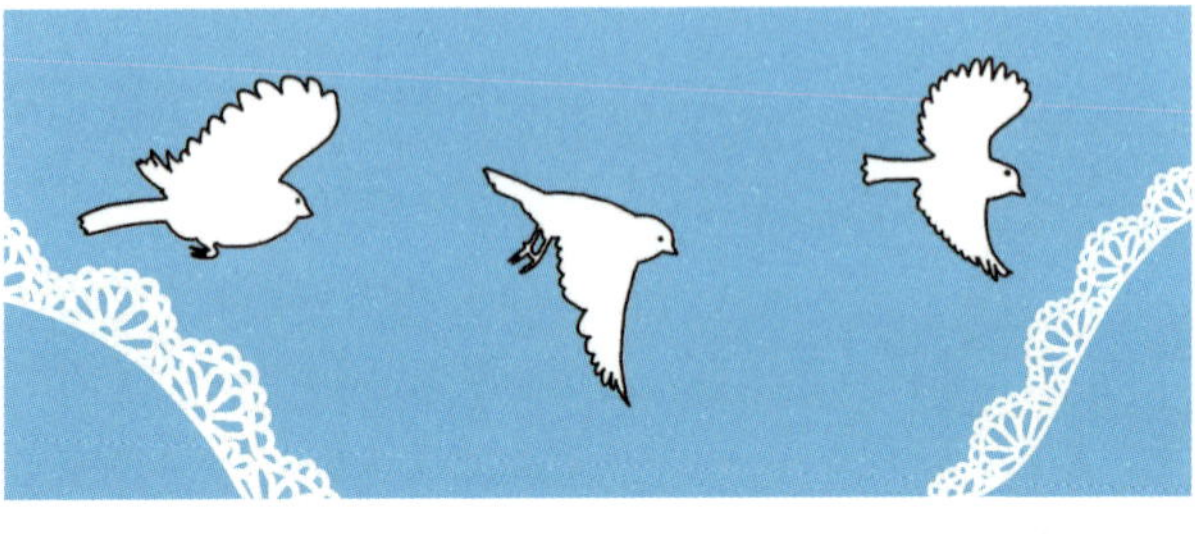

○大祓詞を奏上する場所

神棚に奏上するのが理想ですが、神棚がない場合は、ご縁のある神社でお札をいただき、そのお札に奏上するとよいでしょう。

「お札は神社との固定電話、お守りは携帯電話です」と言う神職の方がおられましたが、わかりやすいたとえですよね。神様と何かしらの「つながり」がある所で奏上することをおすすめします。

お札がなければ、太陽が昇る方向に向かって奏上しましょう。

そして、できれば奏上するのは、毎回、同じ場所でどうぞ。続けているうちに、家の中に「祈りをする場」ができてくるからです。

○大祓詞を奏上するタイミング

多くの神社で日供祭《にっくさい》が行われているように、早朝に奏上をするのがよいでしょう。

ただ、「この時間でなくてはならない」と決めてしまうと、大祓詞を続けていく上で重荷になってしまうこともあります。「早朝に奏上できたら理想的」くらいの感覚で向き合うといいでしょう。太陽が昇るとき（早朝）と、太陽が沈むとき（夕方）はどこか地球の想念が休まっていて、個人的におすすめです。

また、大祓詞は「頭がもんもんとして、どうしようもない」「ボーっとしていると不安な気持ちに押しつぶされそう」というようなタイミングで奏上しても構いま

お札は神社との固定電話、お守りは携帯電話
神社で頂くお札やお守りには、その神社に祀られている神様のご分霊が宿っているとされる。

日供祭
神様に御神饌（神様へお供えする食べ物）と祝詞を奏上。毎日執り行われている。

せん。

答えの出ない問いをあれこれと考え続けるくらいなら、その時間の一部を使って大祓詞を奏上してみましょう。それだけで心持ちが変わってくるでしょう。

○お願いごとがあるときの奏上の仕方

私たちは日常で、つい「益（メリット）があるか、ないか」を軸に行動しがちです。「人間関係を作るためにパーティーへ行く」「試験に受かるために勉強をする」などなど。

でも、大祓詞は「無益な取り組み」として奏上してほしいのです。「大祓詞を奏上して、なんとか試験に合格したい」「大祓詞を続けることでパートナーが欲しい」。

そんな気持ちの多くは私たちの「我（エゴ）」からきています。神様は、人間の「エゴ」を無制限に満たす存在ではありません。自分のことばかりを神様にお願いするのは、虫のよい話。まずは、神様の威を上げ（P126）、そして、自分を祓った後に、お願いするとよいでしょう。

たとえば、「会社を辞めて起業したい」という人が、大祓詞を奏上していくうちに本当にやりたいことは独立することではなく、今の仕事で自分の役割をきちんと果

「無益な取り組み」と昔話

エゴなく行動した人が、最後はさまざまなものを得られる……昔話にはそんなテーマを数多くみつけることができます。有名な『花咲かじいさん』では、自分の欲を満たそうとしたおじいさん&おばあさんには、なぜかひどいことが起き、無欲でたんたんとやるべきことをやったおじいさん&おばあさんには、次々とよいことが起こるさまが描かれています。

たすことだと気づいた」「言いたいことが口にできない間柄に悩んでいた人が、その友人との関係を続けていく必要はないのではないかと気づいた」――そのような話は、たくさん見聞きしています。

自分の「我（エゴ）」はまずは置いておき、ただひたすらに奏上することを心がけてみてください。

次のページから、初心者の方でもわかりやすいよう解説を入れながら、大祓詞を紹介しています。ぜひ、実際に奏上し、感じてもらえたらと思います。

我（エゴ）
自我意識ともいわれ、人間の心の働きのひとつ。この働きが強くなると「私が」「私の」といった視点から世界を見てしまうようになる。

大祓詞

❶ 高天原《たかまのはら》に神留《かむづま》り坐《ま》す　皇親神漏岐《すめらがむつかむろぎ》　神漏美《かむろみ》の
命《みこと》以《も》ちて　八百萬神等《やほよろづのかみたち》を神集《かむつど》へに集《つど》へ賜《たま》ひ
神議《かむはか》りに議《はか》り賜《たま》ひて　❷ 我《あ》が皇御孫命《すめみまのみこと》は
❸ 豊葦原水穂國《とよあしはらのみづほのくに》を　安國《やすくに》と平《たひら》けく知《し》ろし食《め》せと
事依《ことよ》さし奉《まつ》りき　此《か》く依《よ》さし奉《まつ》りし國中《くぬち》に
❹ 荒振《あらぶ》る神等《かみたち》をば　神問《かむと》はしに問《と》はし賜《たま》ひ
神掃《かむはら》ひに掃《はら》ひ賜《たま》ひて　語問《こととと》ひし　❺ 磐根《いはね》　樹根《きね》

Q1 大祓詞の舞台は？

A 高天原が大祓詞の舞台です。冒頭に高天原に神様がたくさんいらっしゃる様子が描かれています。

Q2 大祓詞の主人公は？

A ニニギです。アマテラスの孫にあたります。

Q3 大祓詞にはどんなシーンが描かれている？

A 豊葦原水穂国（葦原中国）を「安らけく平らけく知ろし食せ（徳を持って統治する）」、つまり安心して平和に暮らせる国にするよう、アマテラスのご命令を受けたニニギが、高天原から降臨してきた場面（天孫降臨）が書かれています（P72）。

立《たち》　草《くさ》の片葉《かきは》をも語止《ことや》めて　天《あめ》の磐座放《いはくらはな》ち
天《あめ》の八重雲《やへぐも》を伊頭《いづ》の千別《ちわ》きに千別《ちわ》きて
天降《あまくだ》し依《よ》さし奉《まつ》りき　此《か》く依《よ》さし奉《まつ》りし四方《よも》
の國中《くになか》と　大倭日高見國《おほやまとひだかみのくに》を安國《やすくに》と定《さだ》め奉《まつ》りて
下《した》つ磐根《いはね》に宮柱太敷《みやばしらふとし》き立《た》て　高天原《たかまのはら》に千木《ちぎ》高《たか》
知《し》りて　皇御孫命《すめみまのみこと》の瑞《みづ》の御殿《みあらか》仕《つか》へ奉《まつ》りて
天《あめ》の御蔭《みかげ》　日《ひ》の御蔭《みかげ》と隠《かく》り坐《ま》して　安國《やすくに》と平《たひら》
けく知《し》ろし食《め》さむ國中《くぬち》に成《な》り出《い》でむ天《あめ》の益人《ますひと》

Q4 そのときの、豊葦原水穂国の状況は？

A 意向に沿わない神々（＝荒振る神々）がいらっしゃいました。そのため、ニニギは丁寧に言葉を重ねて対話をされました。

Q5 その結果、どうなったの？

A 岩や草木が話をするのをやめ、しーんと静まり返るくらいに国内は平定されました。そして、ニニギは立派な御殿を創り、日本を平穏な国にすべく治められました。

等《ら》が　過《あやま》ち犯《をか》しけむ種種《くさぐさ》の罪事《つみごと》は　⑥天《あま》つ罪《つみ》
國《くに》つ罪《つみ》　許許太久《ここだく》の罪《つみ》出《い》でむ　此《か》く出《い》でば
天《あま》つ宮事《みやごと》以《も》ちて　天《あま》つ金木《かなぎ》を本《もと》打《う》ち切《き》り
末《すえ》打《う》ち断《た》ちて　千座《ちくら》の置座《おきくら》に置《お》き足《た》らはして
天《あま》つ菅麻《すがそ》を本《もと》刈《か》り断《た》ち　末《すえ》刈《か》り切《き》りて
八針《やはり》に取《と》り辟《さ》きて　⑦天《あま》つ祝詞《のりと》の太祝詞事《ふとのりとごと》を宣《の》れ
⑧此《か》く宣《の》らば　天《あま》つ神《かみ》は天《あめ》の磐門《いはと》を押《お》し披《ひら》きて

Q6 ニニギの統治はうまくいったということ？

Ⓐ 当初はうまくいきましたが、次第に国の中には人々が犯すさまざまな罪が蔓延していきました。

Q7 では、どうしたらいいの？

Ⓐ 「天つ祝詞の太祝詞」を奏上すれば、天つ神と国つ神が罪を祓い清めてくださるだろうと示されています。

Q8 「天つ祝詞の太祝詞」を奏上したら、どうなった？

Ⓐ 「天つ神（高天原の神様）は天の岩戸を押し分けてやってきて、国つ神（豊葦原水穂国の神様）も高い山、低い山をかきわけてやってきて、それぞれの神様が私たちの祝詞を聞いてくださるでしょう。そして、「私たちの罪が祓われ、なくなる」と、このあと示されています。

天《あめ》の八重雲《やへぐも》を伊頭《いづ》の千別《ちわ》きに千別《ちわ》きて　聞《き》こし
食《め》さむ　國《くに》つ神《かみ》は高山《たかやま》の末《すゑ》　短山《ひきやま》の末《すゑ》に　上《のぼ》り
坐《ま》して　高山《たかやま》の伊褒理《いぼり》　短山《ひきやま》の伊褒理《いぼり》を掻《か》き
別《わ》けて聞《き》こし食《め》さむ　此《か》く聞《き》こし食《め》してば
罪《つみ》と云《い》ふ罪《つみ》は在《あ》らじと　あ 科戸《しなど》の風《かぜ》の天《あめ》の八重雲《やへぐも》
を吹《ふ》き放《はな》つ事《こと》の如《ごと》く　い 朝《あした》の御霧《みぎり》　夕《ゆふべ》の御霧《みぎり》を
朝風《あさかぜ》　夕風《ゆふかぜ》の吹《ふ》き払《はら》ふ事《こと》の如《ごと》く　う 大津辺《おほつべ》に
居《を》る大船《おほふね》を　舳解《へと》き放《はな》ち　艫解《ともと》き放《はな》ちて

まずは罪が祓われる4つのイメージへ

あ

天に連なる八重の雲を、風が吹きはらうイメージ。

い

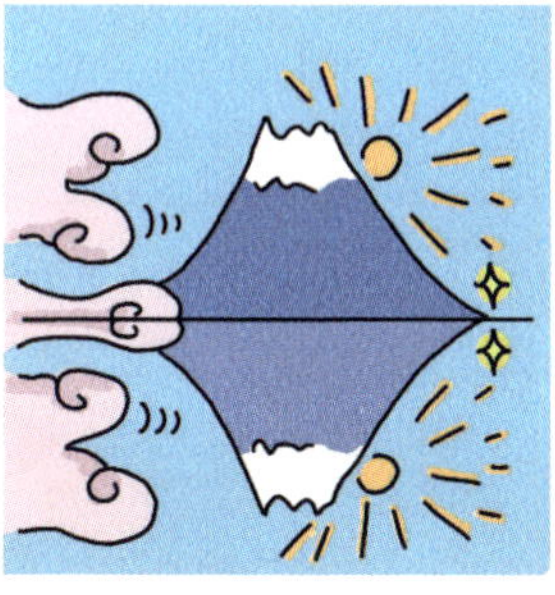

朝や夕方の風が霧を吹きはらうイメージ。

大海原《おほうなばら》に押《お》し放《はな》つ事《こと》の如《ごと》く　え 彼方《をちかた》の繁木《しげき》が本《もと》を
焼鎌《やきがま》の敏鎌《とがま》以《も》ちて　打《う》ち掃《はら》ふ事《こと》の如《ごと》く　遺《のこ》る
罪《つみ》は在《あ》らじと　祓《はら》へ給《たま》ひ清《きよ》め給《たま》ふ事《こと》を　高山《たかやま》
の末《すえ》　短山《ひきやま》の末《すえ》より　佐久那太理《さくなだり》に落《お》ち多岐《たぎ》つ
速川《はやかは》の瀬《せ》に坐《ま》す お 瀬織津比賣《せおりつひめ》と云《い》ふ神《かみ》　大海原《おほうなばら》
に持《も》ち出《い》でなむ　此《か》く持《も》ち出《い》で往《い》なば　荒潮《あらしほ》の
潮《しほ》の八百道《やほぢ》の八潮道《やしほぢ》の潮《しほ》の八百會《やほあひ》に坐《ま》す か 速開《はやあき》
都比賣《つひめ》と云《い》ふ神《かみ》　持《も》ち加加呑《かかの》みてむ　此《か》く加《か》

う

大きな船が綱を解き放たれて大海に出航していくイメージ。

え

しっかりと焼かれた鎌で、茂った木の根元を刈るイメージ。

加呑《かの》みてば　氣吹戸《いぶきど》に坐《ま》す氣吹戸主《いぶきどぬし》と云《い》ふ神《かみ》
根國《ねのくに》　底國《そこのくに》に氣吹《いぶ》き放《はな》ちてむ　此《か》く氣吹《いぶ》き放《はな》
ちてば　根國《ねのくに》　底國《そこのくに》に坐《ま》す速佐須良比賣《はやさすらひめ》と云《い》
ふ神《かみ》　持《も》ち佐須良《さすら》ひ失《うしな》ひてむ　此《か》く佐須良《さすら》ひ
失《うしな》ひてば　罪《つみ》と云《い》ふ罪《つみ》は在《あ》らじと　祓《はら》へ給《たま》ひ清《きよ》
め給《たま》ふ事《こと》を　天《あま》つ神《かみ》　國《くに》つ神《かみ》　八百萬神等共《やほよろづのかみたちとも》に
聞《き》こし食《め》せと白《まを》す

そして罪を祓い清める4柱へ

罪が祓われるイメージが示された後、祓《はら》えを司る、祓戸四神《はらえどよんしん》が次々と登場し、それぞれの持ち分によって祓い清めがなされる様子が細かく表現されています。これらの神様は、日比谷神社（東京都）、佐久奈度神社（滋賀県）などにお祀りされています。

お **瀬織津比賣**
セオリツヒメ（P144参照）

か **速開都比賣**
ハヤアキツヒメ（P144参照）

き **氣吹戸主**
イブキドヌシ（P144参照）

く **速佐須良比賣**
ハヤサスラヒメ（P144参照）

※それぞれの神様の担当についてはp144参照。

コラム

最後に登場する4柱の神様たち

大祓詞の最後に登場してくる「祓戸四神」と呼ばれる神様たちです。ただ、『古事記』に記述はありません。

セオリツヒメ

たくさんの禍事、罪を川から海へと流す。

ハヤアキツヒメ

海の底で、たくさんの禍事、罪を飲みこむ。

イブキドヌシ

ハヤアキツヒメが禍事や罪を飲みこんだあと、根の国・底の国に息吹を放つ。

ハヤサスラヒメ

根の国、底の国に持ち込まれた禍事や罪をさすらって失わせる。

根の国、底の国　日本神話における異界、現世の罪が集まる場所とされる。

5章

もっと知りたい神様の世界

神社に行けば誰でも同じように運が開けるの？

「パワースポットを訪れたら、試験に合格した」

「ある神様のお守りを手に入れたら、大きな仕事が入ってきた」

私たちの周りには、このような情報があふれ、「自分でも同じ体験をしたい！」と思って、神社を参拝したり、パワースポットを訪れたりします。

でも、同じような結果がすべての人に現れるかといえば、そうではありません。万人に同じようなことが起きるわけではないと、私たちは知っています。

「ある神社を参拝してから、その後の人生が大きく開けていった」

実は私にも、過去にそういった経験があります。神社参拝が好きな方と、「あそこの神社に行くと、いいことが続くんですよ」などと話したこともあります。

けれど、それは「たまたま私の場合がそうだった」だけ。

神様の世界は「何かをしたら、何かを得られる」といった単純な世界観ではないはずです。にも関わらず、「あの神社に行くと、こんないいことが起きる！」と法則のようにしてしまうのは、「私たち人間が神様の世界を理解できている」といっ

た傲慢な姿勢に感じてしまうのですが、みなさんはどうでしょう。

よく知られる『西遊記』という物語では、觔斗雲《きんとうん》に乗った悟空がお釈迦様の手の上から抜け出ようとする話が描かれています。どこまで行ってもお釈迦様の手のひらから出ることができないという話ですね。

この物語には、「自分の見えている世界だけで、神様の世界を理解しようとしなさんな」という寓意が含まれていると感じます。

神様の世界は、私たちが考えているほど小さくはないし、単純でもなく、そして科学や理屈だけでアプローチできるものではないのです。

西遊記
16世紀の中国で明の時代にまとめられた物語。三蔵法師が孫悟空、猪八戒、沙悟浄を従えて幾多の困難を乗り越え、天竺へと向かいます。

觔斗雲
雲に乗って空を飛ぶといわれている、不思議な術。

「変えることのできない現実」を自分なりに受け止める

私たちの目の前では、日々いろいろなことが起こります。うれしいこと、怒りを覚えること、悲しくなること……。それらを自分なりに受け止める。その上で、やるべきことを精一杯やり、やらなくてもいいことは受け流す。これを、神道の世界では「神ながらの道」というそうです。こうした生き方をすることで、人は自分らしく生きていけるというわけです。

「変えることのできない、目の前の現実」

これをなんとか変えようとして私たちは苦しみます。見なかったことにしようとフタをしたり、「嘘でしょ?」と否定しにかかったり、「今はその時期じゃない」と理由をつけて先延ばしにしたり。ときには、「何とかこの現実を変えてください!」と神様にお願いしたりします。

でも、この世界の働きは人知をもってはかることなどできません。起きた理由も、なぜ自分に今、起きたのかも、わかりません。目の前に起きたことは一つの現実です。変えられるのであれば、その努力をすればいいし、変えられないのなら、静か

神ながらの道
神様の意向に添った生き方をすること。「随神」とも表現される。上流から流れてくる水を水車がよどみなく流していくイメージともたとえられる。

に受け入れていくしかないのです。

アメリカで活躍した神学者・ラインホルド・ニーバー氏は、

「変えられないものを受け入れる心の平穏を
変えるべきものを変える勇気を、
そして、変えられないものと変えるべきものを区別する賢さを与えてください」

という祈りをされたそうです。異文化の賢人ながら、「神ながらの道」を体現している神道的な生き方ではないでしょうか。

ラインホルド・ニーバー
1892〜1971年、アメリカの神学者。社会問題のコメンテーターとしても活躍。その宗教観・政治観は、多くの人々に影響を与えたといわれる。

うん うん
自分の目の前にやってきた現実
こんな風に変えたいんだけど…
びょ〜ん
あれれ、
どうしてすぐ元に戻っちゃうの？
余計、ヘンテコになっちゃいました…

全知全能の存在ではない日本の神様

私たち人間と違って神様であれば、自らの運命を自在にコントロールできそうな気がしませんか？　嫌なこと、苦しいことは無縁で、なんでも思い通りにできると考えていませんか？

ところが、『古事記』の中では、神様はそこかしこで嘆かれています。「パートナーが亡くなった」「兄弟の横暴がひどい」「大事な仲間がいなくなった」「兄弟にはげしく怒られた」といっては、泣き、哀れみ、苦しんでいる姿が至るところで表現されているのは、これまでもお伝えしてきた通りです。

イザナギ　妻であるイザナミが亡くなり、泣く

アマテラス　弟のスサノオの横暴にたまりかね、岩戸にこもる

スサノオ　亡くなった母・イザナミに「会いたい」と言っては泣く

オオクニヌシ　一緒に国づくりをしていたスクナヒコナがいなくなり、嘆く

これらはほんの一例に過ぎません。

「神様は万能。自らの運命も変えられる全知全能の存在」と思われがちですが、日本の神様の場合、そうはいかないようです。

「思い通りにいかない」神様の姿が、『古事記』のそこかしこに出てくるのは、おそらく何か深い意味があるはずです。

ほんの一例
神生みの途中で不慮の死をとげたイザナミは、黄泉の国まで追いかけてきたイザナギに対して悔しさを表現しています。
オオクニヌシの母・サシクニワカヒメは亡くなったオオクニヌシを思い泣いています。
また、ニニギの息子である山幸彦（ホオリ）は、兄から借りた釣針をなくし、激しく叱責されて海辺で泣いたといわれています。

深い意味
物語が書かれた意味を推測するのは『古事記』の楽しみのひとつです。これらのシーンは「私たち人間の人生にも思い通りにいかないことがある」ことを伝えているのかもしれませんね。ただ、そこからリカバリーできることも『古事記』には示されているのです。

神様ですら、運命を自在にコントロールできない理由

日本の神様は、いわゆる絶対神ではありません。自然の大きな働きの中で生まれた存在です。「世界を巡らせている摩訶不思議な働き」から誕生したのが日本の神様です（P18参照）。

「なぜ、時間があるのか？」
「なぜ、太陽は同じリズムで巡るのか？」
「どこから水が生み出されたのか？」
「なぜ、地球に重力があるのか？」
「なぜ、人間は呼吸をしているのか？」

この不思議な力は、単に地球レベルの話だけではありません。太陽や月、銀河系の星々までを巡行させている、計り知れないほど大きな力です。

この不思議な働きを、『古事記』では「アメノミナカヌシ」と呼んでいるのではないでしょうか。

絶対神
唯一の神がすべての創造主であるとする信仰の神様。

アメノミナカヌシ
『古事記』で最初に高天原に成り、身を隠された神様。すべての神々

この「アメノミナカヌシ」の働きの中で生まれた日本の神様たち。「世界を巡らせている摩訶不思議な働き」によって生まれた以上、神様ですら、その不思議さを解明できなくてもおかしくありません。だって、自分を生み出した働きなんですから。ましてや、その不思議な働きによって自らの前にやってくるできごとを思い通りにコントロールできないのは、当たり前ですよね。

そして、私たちも「世界を巡らせている摩訶不思議な働き」から生まれています。その働きは、私たちに「よいこと」も「悪いこと」も巡らせます。『古事記』の中で神々が嘆いていたような「いわれのない試練」や「永遠に泣くほどの悲しみ」がやってくることも当然あるのです。

人間は、神様と同じ存在。だからこそ、『古事記』で神様が体験しているような「いわれのない試練」や「大切な人との別れ」「果てしない絶望感」といった悲しいできごとが私にも起こるのだ――『古事記』を読み、そう気づいたことで、「神様にもどうしたらいいかわからないことがあるのだから、人間である自分が悩むのは当たり前」という気持ちにつながっていきました。

その結果、「なぜ、自分にばかりこのようなことが起こるのか」と、もんもんと考え続けることにエネルギーを使わなくなっていったのです。

の源である、観念的な神格ともされている。タカミムスヒ・カミムスヒと並んで、造化三神の一柱。

※造化三神
『古事記』の冒頭、高天原に成った神として出てくる三柱の神。

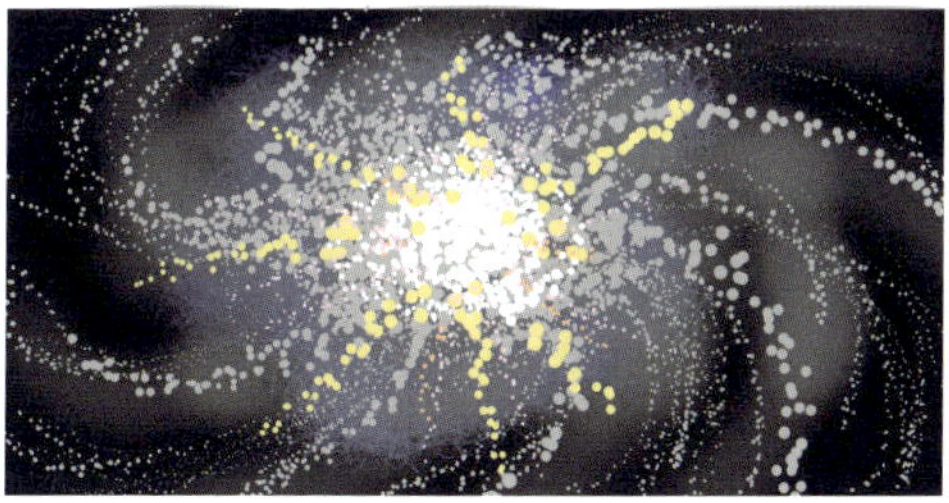

天地が生まれてきた宇宙の始まりが、アメノミナカヌシのイメージです。

いつの間にか、変化している自分に気づく

私たちは「よいこと」に囲まれて日々を送りたいと思いがちですが、そこに執着しすぎることは「世界を巡らせている摩訶不思議な働き」にあらがうことです。世界は自分にだけ「よいこと」が起こるようにできてはいません。なぜならこの世界に存在するものは、すべて、「陽」の部分と「陰」の部分とがあるからです。

世界中、分け隔てなく照らす太陽でも、山のふもとや谷底など光が届かない場所が必ずあります。そのような場所では、太陽の「陰」の部分しか感じられません。けれど「よいこと」ばかりを求める気持ちとは、太陽が常に自分を照らすことを望んでいるようなもの。

おそらく、神様の世界はこれとは対極にあるはずです。

神様の世界とは、「世界を巡らせている摩訶不思議な働き」がすべての中心にある。その働きが中心となって神々が生まれ、人間が生まれ、生物が誕生した。「よいこと」

すべてに陽が当たることも、影になることもありません。どこかに陽が当たればどこかは陰になり、逆もまたしかり。

も「悪いこと」もすべてがそんな働きによって起こっている。ただ、大元の源ときっちりつながっていれば、そんなに怖れることはない。くるべきものがやってくるだけだ……そんな世界ではないかと思うのです。

これが腑に落ちると、自分や他人への向き合い方が自然に変わってくるでしょう。そして周囲の人に対するとらえ方も変化します。私たちは誰もが「神様と同じ大きな働き」から生まれているのですから、根拠のない他者批判をしたり、むやみに人のことをバカにしたりするのは「他人という神様」を痛めつけていることでもあります。

「あの人は○○だ」と悪口を言ったり、「私はスゴイ！」と傲慢になったり、「私なんてどうせ」などと卑下することもきっとなくなるでしょう。

「日本の神様の世界」を知っていくと、自己中心的な言動が「自然に」少なくなり、「気がつくと」変化している自分がいる。

「前はクヨクヨしていたけれど、いつの間にか悲観的でなくなった」「気がつくと、嫌いな人が少なくなっていた」など、「自《みずか》ら」神様のことを学んでいくと、「自《おの》ずから」自分自身が変わり、自分が思ってもいなかった世界に、いつの間にか運ばれていく感覚を味わうかもしれませんね。

「自ら」と「自ずから」

「日本の神様の世界」を知ろうと思うのは、私たちの自由意志（自ら）です。理解が深まっていくうちに、「自分の心持ち」や「考え方」が自然と（自ずから）変化していくことはめずらしくありません。「変えよう」「変わろう」としなくても、やるべきことさえやっていれば、ごく自然に変化していくことを、「他力の力」が働くともいわれます。

神様は遠い昔に生まれ、計りしれないほどの力を持った助太刀《すけだち》

「神様と人間とが同じ大元から生まれたのはよくわかった。じゃあ、なぜ神社に参拝に行くの？」と思う方もいるかもしれませんね。確かに、「人間も神様と一緒なら、自分という神様を大切にしていればいい」ともいえます。

なのに、私たちはなぜ神社へ参拝に行くのでしょう？

私にとっての神様は、「考えられないほど昔に誕生された、大きな力を持ってサポートしてくださる助太刀」のようなイメージです。

たとえば、「何かを達成したい」としましょう。神様は助太刀なだけなので、努力するのは自分だし、前面に立って戦うのも自分です。ただ、

・頑張るだけでは打破できないような壁を乗り越えるため、陰ながらサポートしてくれる。
・努力している方向性が違っているとき、「そっちではない」とヒントをくれる。
・努力がより効果的に形を結ぶよう、必要な人に出会わせてくれる。

「それが神様なのかな」と思います。

「人事を尽くして天命を待つ」のススメ

自分自身ができることをやりきったら、そのあとは大きな存在に任せる。「人事を尽くして天命を待つ」という言葉は、そんな心持ちを表現しています。似た言葉に、「運を天に任せる」がありますが、そこには「人間がやるべきことをやる」という要素がまったく含まれておらず、どこか神様任せ(?)ですね。まずは、人間ができることをやりきること。神様の助太刀のお力は、私たちのそんな姿に対して、はじめて働くのではないでしょうか。

私たちが誕生するはるか前に生まれ、人間は及びもしない幾多の年月を過ごし、さまざまな叡智を持った強力な助太刀。

そんな助太刀は、自分にとっての「よい、悪い」に一喜一憂せず、淡々と自分の目の前にやってくる現実に向き合う勇気と気力をくれるのだと思います。

「いいこと」も「悪いこと」も「世界を巡らせる不思議な力」の働きで起きていること。私たちができるのは、その中でできる限りの力を発揮すること。そんな心持ちで明るく前向きに過ごしていれば、神様という助太刀は具体的な形でサポートをしてくれるに違いありません。

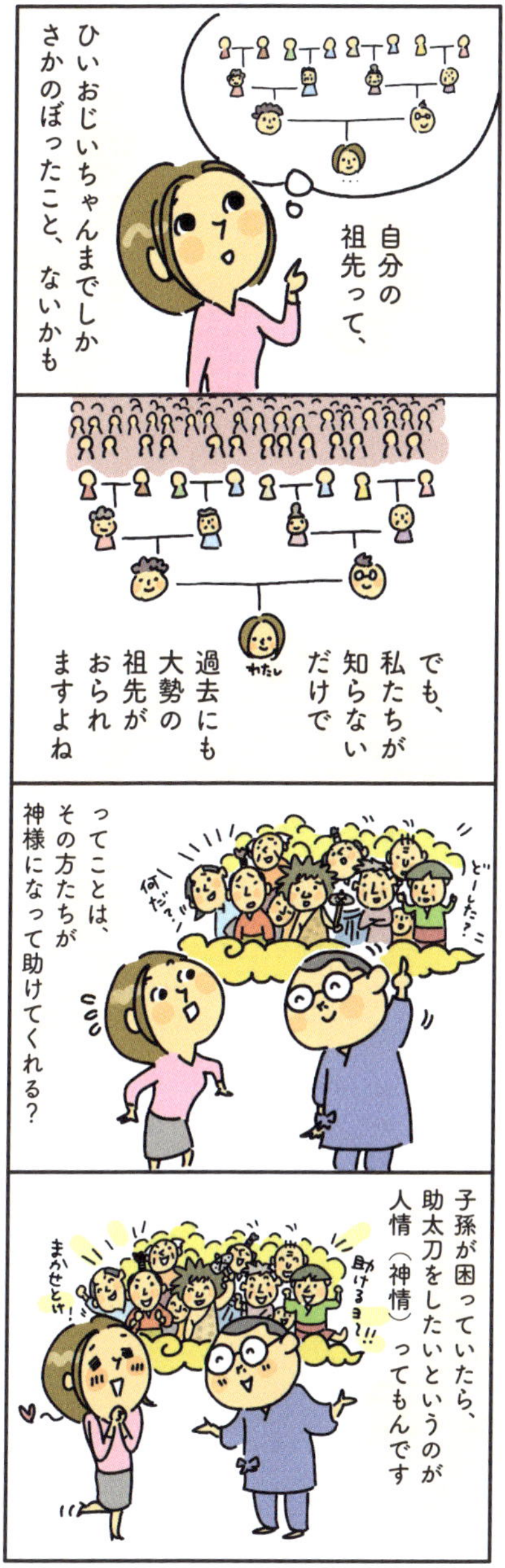

神様のことを知っていくうちにお気に入りの神様ができました♥
へえ、どなたですか?
オオクニヌシとスサノオです。
OOKUNINUSHI
SUSANOH
ババン
でも、どちらもステキなので、決めかねちゃう。
くねっ くねっ
ええ、考えていたよりもずっと身近で……
んふっ♥
んふっ♥
別に決めなくてもいいですけどね。(苦笑)でも、親しんでもらえてよかったです。
!!
あそこに、ほら!
あわわわわわわ…
!?
どうしました?
どっちにしようかなぁ。
…そこですか。

参考文献

この本を読んで、「もっと日本の神様のことを知りたい！」という気持ちが出てきたら、ここに紹介している本やカードも手にしてみませんか。
どれもわかりやすく、日本の神様のことを身近に感じることができるようになるでしょう。

『古事記』倉野憲司（岩波文庫）
『神道辞典』國學院大學日本文化研究所編（弘文堂）
『わかりやすい神道の歴史』神社本庁研修所編（神社新報社）
『大祓詞の心〜大祓詞の解釈と信仰』岡田米夫（神社新報社）
『大祓知恵のことば』葉室頼昭（春秋社）
『日本神さま事典』三橋健・白山芳太郎（大法輪閣）
『あなたをしあわせにする大祓詞』小野善一郎（青林堂）
『日本を元気にする古事記の「こころ」』小野善一郎（青林堂）
『古事記ものがたり』小林晴明・宮崎みどり（サン・グリーン出版）
『古神道祝詞CDブック』古川陽明（ナチュラルスピリット）
『古事記完全講義』竹田恒泰（学研プラス）
『「日本の神様」がよくわかる本』戸部民夫（PHP文庫）
『現代人のための祝詞〜大祓詞の読み方〜』大島敏史・中村幸弘（右文書院）
『日本の神様カード』大野百合子・三橋健監修（ヴィジョナリー・カンパニー）
『日本の神託カード』大野百合子・三橋健監修（ヴィジョナリー・カンパニー）

※敬称略

大塚和彦（おおつか かずひこ）

株式会社ヴィジョナリー・カンパニー 代表取締役。
埼玉県出身。國學院大學文学部出身。経営コンサルティング会社で社会人のスタートを切るも、2年11ヶ月で退社し、世界を旅するバックパッカーとなる。数年の後、社会復帰。数社での実務を経験後、2001年 有限会社（現、株式会社）ヴィジョナリー・カンパニーを創業。オラクルカード・タロットカード専門出版社として、『日本の神様カード』シリーズをはじめ、過去に50作以上のカード出版を手がける。2014年からは『日本の神様カード』を中心とした数々の講座講師も務める。15万部を超えたベストセラー『宝くじで一億円当たった人の末路』（日経BP社）において、「自分探しを続けた人の末路」として紹介されている。いまも、旅に出るチャンスを虎視眈々とねらう現役の企業家である。

Staff
イラスト・マンガ／鈴木あつよ
デザイン・ＤＴＰ／レジア（若月恭子）
編集協力／橘内美佳
校正協力／株式会社グラフト

神様と仲よくなれる！　日本の神様図鑑

2019年 4月15日　初版発行
2025年 1月 5日　第6刷発行

著　者　大　塚　和　彦
発行者　富　永　靖　弘
印刷所　株式会社新藤慶昌堂

発行所　東京都台東区 台東2丁目24　株式会社 新星出版社
〒110-0016　☎03(3831)0743

　Printed in Japan

ISBN978-4-405-07292-3